Andreas Wedra

IT-basierte Managementunterstützung
Künstliche Neuronale Netze
zur quantitativen Prognose

Bachelor + Master
Publishing

Wedra, Andreas: IT-basierte Managementunterstützung: Künstliche Neuronale Netze zur quantitativen Prognose, Hamburg, Diplomica Verlag GmbH 2012
Originaltitel der Abschlussarbeit: Vorgehensmodell zur quantitativen Prognose durch Künstliche Neuronale Netze in Management Support Systemen

ISBN: 978-3-86341-168-8
Druck: Bachelor + Master Publishing, ein Imprint der Diplomica® Verlag GmbH, Hamburg, 2012
Zugl. Fachhochschule Gelsenkirchen, Gelsenkirchen, Deutschland, Diplomarbeit, 2010

Bibliografische Information der Deutschen Nationalbibliothek:
Die Deutsche Nationalbibliothek verzeichnet diese Publikation in der Deutschen Nationalbibliografie;
detaillierte bibliografische Daten sind im Internet über http://dnb.d-nb.de abrufbar.

Die digitale Ausgabe (eBook-Ausgabe) dieses Titels trägt die ISBN 978-3-86341-668-3 und kann über den Handel oder den Verlag bezogen werden.

Inhaltsverzeichnis

Abbildungsverzeichnis iv

Abkürzungsverzeichnis v

1 Einleitung 1

2 Management Support Systeme 2

2.1 Eigenschaften realer Managementprobleme 2

2.2 Entwicklung IT-basierter Managementunterstützung 3

2.3 Ausschlaggebende Entwicklung operativer Informationssysteme 4

2.4 Business Intelligence: Moderne Ausprägung eines Management Support Systems 5

2.4.1 Data-Warehouse-Konzept 6

2.4.2 Data Mining 9

3 Künstliche Neuronale Netze 11

3.1 Motivation durch biologisches Vorbild 11

3.2 Betriebliche Anwendung und kritische Bewertung 12

3.3 Technische Realisation 14

3.4 Ausprägungen und Funktionsweise der Verarbeitungseinheiten 15

3.4.1 Eingabefunktion 16

3.4.2 Aktivierungsfunktion 17

3.4.3 Ausgabefunktion 21

3.5 Informationsverarbeitung in Netzwerken aus Verarbeitungseinheiten .21

3.5.1 Netzwerktopologie 21

3.5.2 Informationsfluss 22

3.5.3 Verarbeitungsstrategie 25

3.6 Parametrisierung von Netzwerken aus Verarbeitungseinheiten 26

3.6.1 Trainings- und Validierungsphasen 27

3.6.2 Ausgewählte Verfahren zur Parametrisierung 30

3.7   Ausgewählte Netzwerkparadigmen 31

4   Vorgehensmodell zur quantitativen Prognose in Management Support
Systemen durch Künstliche Neuronale Netze 34

4.1   Überblick 34

4.2   Formulierung der Problemstellung 35

4.3   Datenbereitstellung 35

4.3.1   Datenselektion 36

4.3.2   Datenakquise 38

4.3.3   Datenvorverarbeitung 43

4.4   Modellerstellung 46

4.4.1   Spezifikation der Netzwerkarchitektur 47

4.4.2   Parametrisierung der Netzwerkarchitektur 49

4.4.3   Modellbewertung 49

4.5   Anwendung zur Managementunterstützung 50

5   Persönliches Fazit 51

Literaturverzeichnis 52

Abbildungsverzeichnis

Abbildung 1 BI-Ordnungsrahmen...6

Abbildung 2 Typische Data-Warehouse-Architektur 8

Abbildung 3 Technische Realisierung von Neuronalen Netzen 14

Abbildung 4 Informationsverarbeitung durch Neuronen.................................16

Abbildung 5 Binäre Schrittfunktion 18

Abbildung 6 Lineare Aktivierungsfunktion 19

Abbildung 7 Logistische Aktivierungsfunktion 20

Abbildung 8 Tangens hyperbolicus 20

Abbildung 9 Netzwerktopologie..22

Abbildung 10 Ausprägungen des Informationsflusses in KNN.......................24

Abbildung 11 Umformung durch "On"-Neuron 26

Abbildung 12 Overfitting...29

Abbildung 13 Netzwerkparadigma zur Prognose 31

Abbildung 14 Zeitreihenprognose 32

Abbildung 15 Kausale Prognose...33

Abbildung 16 Vorgehensmodell - Überblick 34

Abbildung 17 Datenbereitstellung 36

Abbildung 18 Scatter-Plot-Methode 38

Abbildung 19 Filterung 40

Abbildung 20 Harmonisierung...41

Abbildung 21 Aggregation...42

Abbildung 22 Anreicherung...42

Abbildung 23 Modellerstellung 46

Abkürzungsverzeichnis

B. Sc.	Bachelor of Science
BI	Business Intelligence
DSS	Decision Support System
DV	Datenverarbeitung
EIS	Executive Information System
ETL-Prozess	Extraktion-Transformation-Laden-Prozess
IS	Informationssystem
IT	Information Technology
KNN	Künstliche Neuronale Netze
LM-Test	Langrange Multiplier-Test
LR-Test	Likelihood-Ratio-Test
MSS	Management Support System
MUS	Managementunterstützungssystem
MIS	Management Information System
NN	Neuronale Netze
ODB	Optimal Brain Damage
ODS	Optimal Brain Surgeon
RMSE	Root Mean Squared Error
W-Test	Wald-Test

1 Einleitung

Im Rahmen dieser Abschlussarbeit zur Erlangung des akademischen Grades Bachelor of Science (B.Sc.) soll ein Vorgehensmodell zur Entwicklung einer DV-Anwendung zur Managementunterstützung vorgestellt werden, die ein Neuronales Netz (NN) zur quantitativen Prognose simuliert.

Die Abschlussarbeit ist so aufgebaut, dass die zur konzeptionellen und technischen Realisierung notwendigen Grundlagen zur IT-basierten Managementunterstützung durch Management Support Systeme[1] und Grundlagen zur Anwendung von Künstlichen Neuronalen Netzen (KNN) zur quantitativen Prognose in den jeweiligen Kapiteln 2 und 3 beschrieben werden.

Die IT-basierte Managementunterstützung ist eine komplexe und dynamische Aufgabe, die es nicht zulässt, die Informationsgenerierung durch Künstliche Neuronale Netze isoliert von anderen managementunterstützenden DV-Anwendungen zu betrachten. Aus diesem Grund orientiert sich diese Abschlussarbeit sehr stark an einer modernen Ausprägung eines Management Support Systems - dem sogenannten Business Intelligence Konzept - um den gesamten Komplex der IT-basierten Managementunterstützung integriert zu betrachten.

Die computergestützte Anwendung von Künstlichen Neuronalen Netzen soll jedoch nicht den Anschein erwecken, dass deren mathematischen Grundlagen zu vernachlässigen sind. Ganz im Gegenteil sind fundierte Kenntnisse über Funktionsweisen und Besonderheiten von Künstlichen Neuronalen Netzen zwingend erforderlich, um die Methode richtig anzuwenden und die in der Literatur oft hoch gelobten Stärken zur Geltung zu bringen.

Die in den Kapiteln 2 und 3 erläuterten Grundlagen werden im 4. Kapitel einem Vorgehensmodell zugeordnet und miteinander kombiniert, um wichtige Anhaltspunkte und Kriterien für die Entwicklung einer DV-Anwendung zur quantitativen Prognose durch Künstliche Neuronale Netze ableiten zu können.

---

[1] Um den Lesefluss zu erleichtern, werden im Rahmen dieser Abschlussarbeit anglizistische Fachbegriffe bewusst in die korrekte deutsche Syntax versetzt.

2 Management Support Systeme

2.1 Eigenschaften realer Managementprobleme

Unternehmen können als komplexe sozio-logische Gebilde im Zusammenspiel mit Absatz- und Beschaffungsmärkten, Geld- und Kapitalmärkten und dem Staat beschrieben werden.[2] In diesem Zusammenhang gehört die zielgerechte und nutzenmaximierende Steuerung der Unternehmung entlang der anfallenden beziehungsweise der prognostizierten Geld- und Güterströme zu den Hauptaufgaben des Managements.[3]

Durch die rasante Entwicklung und Verbreitung der Internet-Technologie konnten Informations- und Kommunikationsflüsse zwischen der Unternehmung und seiner Umwelt, und damit auch die Geld- und Güterströme effizienter, sowie die Absatz- und Beschaffungsmärkte dynamischer gestaltet werden.

Diese Entwicklung hat jedoch keinerlei funktionale Auswirkungen auf die Hauptaufgaben des Managements. So gilt der 1955 von Harold Koontz und Cyril O'Donnell[4] entwickelte Managementprozess zur Steuerung einer Unternehmung bis heute zum Standard in der Managementlehre.[5] Veränderungen haben sich jedoch hinsichtlich der für die Erfüllung der Hauptaufgaben erforderlichen Tätigkeiten ergeben. Planungen, Entscheidungen und Kontrollen sind einer gewachsenen Dynamik und Komplexität ausgesetzt und müssen mit zunehmender Ungewissheit durchgeführt werden.[6] Viele Unternehmen haben darauf mit flacheren Hierarchien reagiert und durch Arbeitsteilung die Dynamik und Komplexität der Tätigkeiten auf mehrere Mitarbeiter verteilt.[7]

Diese Abflachung der Hierarchien impliziert wiederum höhere Anforderungen an die Informationslogik innerhalb einer Unternehmung. Bei steigender Anzahl von Mitarbeitern, die Planungen, Entscheidungen und Kontrollen auf Basis von Informationen über interne und externe Rahmenbedingungen tätigen, müssen „die richtigen Informationen, in der richtigen Menge, in der richtigen Form und

---

[2] Vgl. Busse von Colbe/Laßmann, 1991, S. 20ff
[3] Vgl. Gluchowski/Gabriel/Dittmar, 2008, S. 13
[4] Koontz/O'Donnell, 1955
[5] Vgl. Steinmann/Schreyögg, 2005, S. 8ff
[6] Vgl. Steinmann/Schreyögg, 2005, S. 14ff
[7] Vgl. Chamoni/Gluchowski, 2010, S. 3

Qualität, zur richtigen Zeit, am richtigen Ort zur Verfügung stehen".[8] Ergänzend dazu müssen im Rahmen dieses informationslogistischen Prinzips Methoden standardisiert werden, die möglichst selbstständig, aktuelle Informationen über das dynamische Zusammenspiel zwischen Unternehmen und ihrer Umwelt ableiten und den verantwortlichen Mitarbeiten zur Verfügung stellen.

2.2 Entwicklung IT-basierter Managementunterstützung

Computergestützte Informationssysteme (IS) sind sozio-technische Systeme, die sich auf die Unterstützung des wirtschaftlichen Handelns einer Unternehmung unter Anwendung des informationslogistischen Prinzips etabliert haben.[9] Im weiteren Verlauf dieser Abschlussarbeit werden Informationssysteme nach ihrer Anwendung zur Unterstützung von operativen und dispositiven Geschäftsabläufen differenziert. Operative Informationssysteme sind transaktionsorientierte Systeme, die Anwender mittels Administrations- und Dispositionssystemen bei ihren operativen Aufgaben unterstützen. Als dispositive Informationssysteme oder auch Management Support System (MSS) benannte Systeme, „werden alle DV-Anwendungen bezeichnet, die das Management, d.h. die Fach- und Führungskräfte einer Unternehmung bei ihren vielfältigen Aufgaben unterstützen."[10]

Die Ursprünge von Informationssystemen, die zur Managementunterstützung eingesetzt wurden, sind in den 1960er Jahren entwickelt worden. Management Information Systeme (MIS), Decision Support Systeme (DSS) und Executive Information Systeme (EIS) sind die bekanntesten Ausprägungen, die die Entwicklung von Management Support Systemen geprägt haben und noch bis heute - in integrierter Form - ihre Verwendung zur Managementunterstützung finden. Während der Fokus von Management Information Systemen und deren weiterentwickelten Executive Information Systemen auf der Generierung von Berichten aus operativen Informationssystemen lag, haben Decision Support Systeme versucht, das Management durch hinterlegte Modelle und Methoden bei Entscheidungen zu unterstützen.

---

[8] Schwarzer/Krcmar, 2010, S. 10
[9] Vgl. Schwarzer/Krcmar, 2010, S. 10
[10] Gluchowski/Gabriel/Dittmar, 2008, S. 15

Jedoch waren eine isolierte und redundante Datenhaltung[11], fehlende Möglichkeiten zur Kombination von Teilsystemen gemäß den Bedürfnissen eines bestimmten Arbeitsplatzes[12] und vor allem der direkte Zugriff auf operative Informationssysteme[13] die Hauptursachen für eine schleppende Entwicklung der computergestützten Managementunterstützung.

2.3 Ausschlaggebende Entwicklung operativer Informationssysteme

Operative Informationssysteme stellen die größte Datenquelle für Management Support Systeme dar. Über sie laufen alle Informations- und Kommunikationsflüsse zur Unterstützung unternehmensinterner und unternehmensübergreifender operativer Geschäftsabläufe. Metaphorisch könnte man diese Datenquelle auch als Fundament für darauf aufbauende dispositive Informationssysteme sehen.

Hohe Investitionen waren bis vor einigen Jahren ein Indiz dafür, dass noch Optimierungen und Anpassungen der standardisierten, und in operativen Systemen abgebildeten, Geschäftsprozessen nötig waren, um einen reibungslosen Ablauf zu gewährleisten. Seit einigen Jahren investieren immer mehr Unternehmen verstärkt in Management Support Systeme, da die operativen Systeme standardisiert, ausgereift und sogar teilweise partiell integriert wurden.[14] In ihrer ausgereiften Form stellen sie nun ein gutes und stabiles Fundament dar, auf dem Management Support Systeme aufbauen und über stabile Schnittstellen Daten für dispositive Aufgaben extrahieren können.

Zusätzlich ist erst durch die jahrelange Nutzung von operativen Informationssystemen eine Historie der Geschäftsentwicklung entstanden, die auch als „wertvoller Pool an Geschäftserfahrung"[15] bezeichnet wird, durch den erst viele Methoden zur Datenanalysen ihr vollständiges Potential ausschöpfen können.

---

[11] Vgl. Kemper/Mehanna/Unger, 2006, S. 13ff
[12] Vgl. Gluchowski/Gabriel/Dittmar, 2008, S. 87
[13] Vgl. Kemper/ Mehanna/Unger, 2006, S. 13ff
[14] Vgl. Chamoni/Gluchowski, 2010, S. 4
[15] Vgl. Berry/Linoff, 1997, S. 2ff

2.4 Business Intelligence: Moderne Ausprägung eines Management Support Systems

Unter Business Intelligence (BI) wird im Rahmen dieser Abschlussarbeit[16], ähnlich wie bei der Definition von Management Support Systeme, ein Sammelbegriff für DV-Anwendungen zur Managementunterstützung verstanden.[17] Der große Unterschied gegenüber traditionellen Ausprägungen von Management Support Systemen ist, dass die einzelnen DV-Anwendungen nicht isoliert betrachtet werden, sondern einen Teil eines Gesamtansatzes darstellen, der das Management bei seinen Aufgaben unterstützt.

Diese Integrationsmöglichkeit wird durch einen generischen Ordnungsrahmen gewährleistet, der je nach Anforderung der Unternehmung beziehungsweise der Benutzer mit DV-Anwendungen[18] bereichert werden kann.[19] Bestandteil des Ordnungsrahmens ist eine zentrale Komponente zur Datenbereitstellung, über die alle DV-Anwendungen (Analysesysteme) Zugriff auf Daten erhalten, die aus operativen Informationssystemen oder externen Quellen stammen. Eine arbeitsplatzbezogene Kombination aus Informationen, Wissen und benutzerfreundlichen Zugriffsmöglichkeiten auf Analysesysteme erhalten die Anwender über das BI-Portal.

Die folgende Abbildung 1 veranschaulicht den generischen Ordnungsrahmen eines Business Intelligence Konzeptes.

---

[16] In der Literatur existiert eine Vielzahl von Definitionen für den Begriff „Business Intelligence". Mertens [Mertens, 2002, S. 4] stellt die unterschiedlichen Varianten anschaulich in seiner Literaturanalyse dar. Aufgrund dieser inflationären Verwendung des Begriffes schlagen Chamoni und Gluchowski [Chamoni/Gluchowski, 2010, S. 7] vor, den Begriff „Analytische Informationssysteme" als Synonym für die, in dieser Abschlussarbeit verwendete, Definition von Business Intelligence zu verwenden. Da sie es aber nicht schaffen, sich innerhalb ihres Sammelbandes von dem Begriff Business Intelligence zu lösen, wird dieser in dieser Abschlussarbeit auch weiter verwendet.
[17] Vgl. z.B. Chamoni/Gluchowski, 2010, S. 7 oder Kemper/Mehanna/Unger, 2006, S. 1ff
[18] Im Kontext von Business Intelligence auch als BI-Anwendung bekannt
[19] Kemper/Mehanna/Unger, 2006, S. 10f

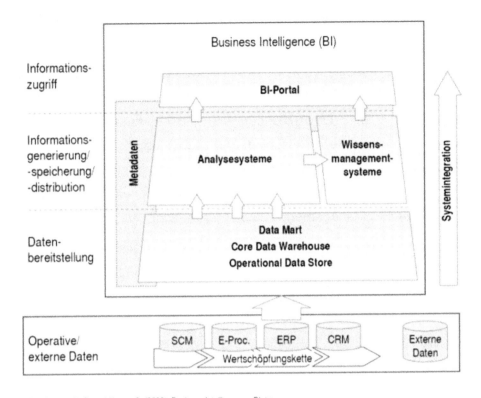

Quelle: Kemper, H.-G. und Unger, C. (2002), Business Intelligence – BI, in:
Controlling, 14. Jg., 2002, Nr. 11, S. 665 f.
© Kemper, Mehanna, Unger: Business Intelligence, Vieweg 2004, ISBN 3-528-05802-1
Abbildung 1 BI-Ordnungsrahmen[20]

In den folgenden beiden Abschnitten sollen zwei typische Komponenten einer Business Intelligence Lösung näher vorstellt werden, die in dem Vorgehensmodell[21] zur quantitativen Prognose durch Künstliche Neuronale Netze ihre Verwendung finden.

Während im Vorgehensmodell das Data-Warehouse-Konzept für die Bereitstellung geeigneter Daten verantwortlich ist, sind Künstliche Neuronale Netze dem Data Mining unterzuordnen, da sie eine standardisierte Methode zur Informationsgewinnung darstellen sollen.

2.4.1 Data-Warehouse-Konzept

Das Data-Warehouse-Konzept stellt eine wesentliche Neuerung gegenüber traditionellen Ansätzen dar. „Während bei früheren Lösungen die Modellierung des erforderlichen Datenmaterials als Teil des Entwicklungsprozesses einzelner IT-Systeme gesehen wurde, steht nun die Bereitstellung einer dispositiven

---

[20] Abbildung entnommen von Kemper/Mehanna/Unger, 2006, S. 10
[21] Siehe Kapitel 4

Datenbasis für den gesamten Komplex der Managementunterstützung eines Unternehmens im Vordergrund."[22] Durch die dispositive Datenhaltung wurde auch erstmals eine klare Trennung zwischen transaktionsorientierten, operativen Daten zur Unterstützung operativer Geschäftsabläufen und den dispositiven Daten erreicht, die speziell für die Anwendung zur Managementunterstützung aufbereitet werden. Den Anforderungen einer dispositiven Datenhaltung wird das Data-Warehouse-Konzept durch folgende Eigenschaften gerecht:[23]

- **Integration**

  Ein Data Warehouse stellt eine widerspruchsfreie Sammlung von Daten dar, die aus den unterschiedlichen operativen und externen Informationssystemen gewonnen werden und für dispositive Aufgaben aufbereitet werden.[24]

- **Themenorientierung**

  Daten werden im Data Warehouse einem Thema zugeordnet. Entscheidungsträger sollen so die Möglichkeit erhalten, direkt in einem gewünschten Themengebiet zu recherchieren.[25]

- **Zeitbezug**

  „In einem Data Warehouse wird die Zeit selbst zum Betrachtungsgegenstand. Ein Anwendungsschwerpunkt liegt in der Analyse von Zeitreihen über längere Zeiträume, um so Trends aufspüren zu können. Zeitpunktbetrachtungen spielen dagegen eine untergeordnete Rolle."[26]

- **Beständigkeit**

  „Die Daten des Data Warehouses sind über längere Zeiträume unveränderlich und können nur lesend benutzt werden. Dadurch wird die Wiederholbarkeit der Analyseergebnisse gewährleistet."[27]

Die technische Realisation des Data-Warehouse-Konzeptes bietet zahlreiche Möglichkeiten, um die Datenbereitstellung perfekt auf die Anforderungen der Unternehmung anzupassen. Im Folgenden sollen die wichtigsten Komponenten

---

[22] Kemper/Mehanna/Unger, 2006, S. 17
[23] Vgl. Inmon, 1996, S. 33
[24] Vgl. Kemper/Mehanna/Unger, 2006, S. 17f
[25] Vgl. Kemper/Mehanna/Unger, 2006, S. 18
[26] Priemer, 2010
[27] Priemer, 2010

einer Data-Warehouse-Architektur kurz vorgestellt werden, um im Vorgehensmodell zur quantitativen Prognose durch Künstliche Neuronale Netze konkretisiert zu werden.

Für die Extraktion und Umwandlung der operativen Daten für dispositive Aufgaben ist der Extraktion-Transformation-Laden-Prozess (ETL-Prozess) verantwortlich. Der Prozess sorgt dafür, dass die gewünschten Daten aus den operativen Systemen extrahiert, in einen dispositiven Kontext transformiert und anschließend in eine relationale Data-Warehouse-Datenbank geladen werden. Als Datenbanksysteme kommen bei anwendungsübergreifenden Daten sogenannte Core Data Warehouses und bei anwendungsspezifischen Daten Data Marts zum Einsatz. Ergänzend zur eigentlichen Datenhaltung existieren Metadaten, die die Datenstruktur der gespeicherten Data Warehouse-Daten beschreiben. Sie können daher als „Daten über Daten" bezeichnet werden und erlauben eine gezielte und strukturierte Auswertung von Informationen über Zusammenhänge innerhalb komplexen Systemen.[28]

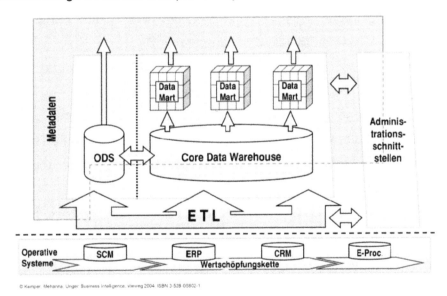

© Kemper, Mehanna, Unger: Business Intelligence, Vieweg 2004, ISBN 3-528-05802-1

Abbildung 2 Typische Data-Warehouse-Architektur[29]

---

[28] Vgl. Wieken, 1999, S. 205
[29] Abbildung entnommen von Kemper/Mehanna/Unger, 2006, S. 21. Die in der Abbildung aufgeführten Komponenten „ODS" und „Administrationsschnittstelle spielen" im Rahmen dieser Abschlussarbeit keine Rolle und werden aus diesem Grund vernachlässigt.

2.4.2 Data Mining

Unter Data Mining versteht man einen Sammelbegriff für Analysesysteme im BI-Ordnungsrahmen, die durch Anwendung von festen Algorithmen (oft mathematischer oder statistischer Natur) automatisch den Datenbestand nach interessanter Geschäftserfahrung durchsuchen.[30] Durch die maschinelle Anwendung eignet sich Data Mining „vor allem für schlecht strukturierte und dynamische Anwendungsfelder, in denen weitreichende Entscheidungen aufgrund aktueller Datenanalysen immer wieder neu getroffen werden müssen und in denen der große Datenumfang und die große Zahl der untersuchenden Merkmalen einer fundierten Datenanalyse in angemessenen Zeit- und Kostenrahmen im Weg standen."[31]

Data Mining Methoden lassen sich in die Anwendung für Beschreibungs- und Prognoseprobleme unterteilen.[32] Während sich Beschreibungsprobleme für Rückschlüsse auf vergangene Ereignisse anbieten, werden Prognoseprobleme verwendet, um Hinweise auf zukünftige Ereignisse zu erhalten.

Im Rahmen dieser Abschlussarbeit werden Künstliche Neuronale Netze für die Anwendung von Prognoseproblemen - genauer der Wirkungsprognose - näher betrachten. Bei der Wirkungsprognose werden Data Mining Methoden eingesetzt, um auf Basis von vorhandenen Daten auf zukünftige Merkmalsausprägungen zu schließen. Dies bedeutet, dass die Methode versuchen den funktionalen Zusammenhang zwischen vorhandenen Daten und den davon abhängigen zukünftigen Ereignissen abzubilden beziehungsweise zu approximieren.

Konkreter werden in dieser Abschlussarbeit lineare und nicht-lineare Zusammenhänge betrachtet, die eine metrische Punktschätzung für ein Merkmal Y in der Form $\hat{y}_{t+h}$ liefern. Dabei beschreibt t den aktuellen Zeitpunkt und $h = 1, \ldots, H$ den Prognosehorizont. Je nach Art der Variablen die Y erklären, lassen sich Zeitreihenprognosen und kausale Prognose unterscheiden.

---

[30] Vgl. Küppers, 1999, S. 44
[31] Wilde, 2001, S. 2
[32] Vgl. Hippner/Wilde, 2001, S. 64ff

Bei Zeitreihenprognosen basiert die Schätzung $\hat{y}_{t+1}$ ausschließlich auf Ausprägungen des Merkmals Y, die in der Vergangenheit und Gegenwart - also einschließlich y_t - beobachtet wurden:

$$\hat{y}_{t+1} = f(y_t, y_{t-1}, \dots, y_{t-n-1})$$

wobei n Beobachtung für Y vorliegen, die vergangene und gegenwärtige Zeiträume beschreiben.

Die Kausale Prognose basiert dagegen auf mehreren erklärenden Merkmalen $X_1, X_2, \dots, X_i$ für das zu erklärende Merkmal Y:

$$\hat{y}_t = f(x_{1,t}, x_{2,t}, \dots, x_{i,t})$$

3 Künstliche Neuronale Netze

3.1 Motivation durch biologisches Vorbild

Die Bionik ist ein Forschungsgebiet, das es sich zur Aufgabe gemacht hat, systematisch biologische Konstruktionen, Verfahren und Entwicklungsprinzipien zu kopieren und diese, durch deren technische Realisation, für den Menschen zugänglich zu machen.[33] In diesem Zusammenhang wurde auch die biologische Konstruktion der neuronalen Netze, die sich im Gehirn von Menschen und Tieren befinden, kopiert und in einer mehr oder weniger abgewandelten Form als mathematische Methode realisiert. Durch diese technische Realisierung ist es möglich, die positiven Eigenschaften von (künstlichen) neuronalen Netzen auch außerhalb des menschlichen Gehirns zu verwenden. Im Rahmen dieser Abschlussarbeit soll geprüft werden, ob sich positive Eigenschaften von (biologischen) neuronalen Netzen finden lassen, die sich durch eine technische Realisierung im Rahmen von Management Support Systemen zur Prognose anwenden lassen.

Wirtschaftsexperten treffen ihre Prognosen oft aufgrund jahrelanger und fundierter Geschäfts- bzw. Branchenerfahrung. Man spricht von einem Ergebnis, welches nicht direkt berechnet werden kann, sondern intuitiv getroffen wird.[34] Dies wird dadurch deutlich, dass in der Praxis zwei Experten prinzipiell zu zwei unterschiedlichen Ergebnissen kommen können.

Computergestützte mathematische oder statistische Prognoseverfahren sind eindeutig berechenbar und prognostizieren zukünftige Ereignisse durch einen fest definierten Algorithmus. Vorteile dieser Algorithmen sind die Transparenz und Zuverlässigkeit[35] der Ergebnisse.

Für Prognosen existiert kein klarer Lösungsweg, sondern nur eine Art „Faustregel", die zu einem vermuteten Ergebnis führt.[36] Für diesen Problemtyp eignet sich eher der Mensch, da er von der parallelen Informationsverarbeitung, der assoziativen Speicherung von Wissen und der Lernfähigkeit seines

---

[33] Vgl. Nachtigall, 2002, S. 1ff
[34] Vgl. Kinnebrock, 1994, S. 1
[35] Mit Zuverlässigkeit ist hier gemeint, dass Algorithmen zuverlässig nach dem vorgegebenen Schema arbeiten.
[36] Vgl. Spitzer, 2000, S. 15f

neuronalen Netzwerkes profitiert. Durch diese Fähigkeiten kann er Muster im Zusammenspiel zwischen Unternehmen und seiner Umwelt erkennen, Signale bei unscharfer Informationsversorgung einem bekannten Muster zuordnen und sich durch seine Lernfähigkeit neues Wissen durch neue Erfahrungen aneignen.

Genau diese positiven Eigenschaften sollen bei der Realisierung von Künstlichen Neuronalen Netzen zur Wirkung kommen und durch die Kombination mit computergestützten Management Support Systemen in ihrer Wirkung verstärkt werden. Durch die technische Realisierung und die Nutzung im Rahmen einer DV-Anwendung können die KNN von der Geschwindigkeit und Zuverlässigkeit der Computertechnologie und von dem Pool an Geschäftserfahrung profitieren, auf den die DV-Anwendung im Rahmen der Datenbereitstellung im BI-Ordnungsrahmen zugreifen kann.

3.2 Betriebliche Anwendung und kritische Bewertung

Nach der - zugegeben etwas euphorischen - Einleitung in die Thematik durch das biologische Vorbild soll in diesem Abschnitt vorgestellt werden, in welchen Anwendungsgebieten KNN zum Einsatz kommen und wie sie im betriebswirtschaftlichen Kontext zu bewerten sind.

Die Verwendung von KNN hat sich in der Betriebswirtschaft als Methode des Data Mining etabliert und kann in den Bereichen der Prognose, Klassifikation und Diagnose verwendet werden. In diesen Anwendungsgebieten macht die Verwendung von KNN besonders bei wirkungsdefekten Problemstellungen Sinn, bei denen der Zusammenhang zwischen erklärenden und davon abhängigen zu erklärenden Variablen unbekannt ist. Das KNN repräsentiert dabei diesen Zusammenhang, der linearer und nicht-linearer Natur sein kann.

Den im letzten Abschnitt hervorgehobenen positiven Eigenschaften sollen im Folgenden kritische Aspekte gegenübergestellt werden, die sich der Entwickler einer DV-Anwendung zur Prognose durch KNN unbedingt bewusst machen sollte.[37]

---

[37] Eigene Gegenüberstellung in Anlehnung an: Zell, 2000, S. 26ff ; Crone, 2010, S. 207ff ; Anders, 1997, S. 89ff

- **Abbildung wirkungsdefekter Modellierung versus logisch nicht begründbarer Modellierung**

  KNN bieten dem Modellierer eine hohe Anzahl an Freiheitsgraden zur Gestaltung des funktionalen Zusammenhangs zwischen Input und Output. Jedoch weiß der Modellierer nicht, wie das KNN aussieht, das den Zusammenhang optimal repräsentieren kann. Der Modellierer muss vielmehr Modellvarianten quantitativ vergleichbar machen und durch experimentelles Testen die beste Modellvariante identifizieren. Dabei kann er nicht logisch begründen, warum diese Variante die Beste ist.

- **Wissensrepräsentation versus schlecht nachvollziehbare Prognosen**

  Das KNN präsentiert „Wissen" über den Zusammenhang zwischen Input und Output. Dieses Wissen kann jedoch nicht analysiert und nachvollzogen werden. Es handelt sich um implizites Wissen, was im KNN verborgen bleibt und nicht in explizites Wissen umgewandelt werden kann. Es fällt in diesem Zusammenhang auch schwer, nachvollziehbare Begründungen für eine Prognose durch das KNN zu finden.

- **Generalisierungsfähigkeit versus intensiver Entwicklungsprozess**

  KNN können Generalisierungsfähigkeiten aufweisen und bei bekannten und unbekannten Eingabemustern zu guten Prognosen kommen. Jedoch besitzt nicht jedes KNN automatisch diese Eigenschaft. Vielmehr muss in der Entwicklungsphase des KNN diese Eigenschaft als Ziel verfolgt werden.

- **Dynamische Weiterentwicklung versus Nachweisbarkeit und dynamischer Kontrolle**

  KNN können in der Anwendungsphase weiter von neuen Daten lernen und sich somit neuen Gegebenheiten schnell und dynamisch anpassen. Jedoch muss im betrieblichen Anwendungsumfeld dafür gesorgt werden, dass die dynamische Verhaltensveränderung kontrolliert wird und dass sich alte Verhaltensweisen replizieren lassen. Man stelle sich vor, dass man zum Zeitpunkt $t = 2$ gerne eine Prognose nachweisen möchte, die das KNN zum Zeitpunkt $t = 1$ getätigt hat. Jedoch hat das KNN zwischen den Zeitpunkten $t = 1$ und $t = 2$ sein Verhalten an neue Gegebenheiten angepasst und liefert jetzt ein völlig anderes Ergebnis. Die DV-Anwendung muss also sicherstellen, dass die veränderbaren Größen des KNN für die Zeitpunkte $t = 1$ und $t = 2$ dauerhaft gespeichert bleiben.

3.3 Technische Realisation

Die technische Realisation von KNN ist in zwei Teile aufgeteilt. Der erste Teil befasst sich mit der Erstellung einer Netzwerkarchitektur bestehend aus Verarbeitungseinheiten, die über gewichtete Verbindungen zu einem Netzwerk zusammengefasst werden. Die Gewichtungen stellen Parameter dar, die in der zweiten Phase durch einen Lernalgorithmus so angepasst werden, dass die, über einen Eingabevektor, präsentierten Daten zur gewünschten Prognose (Netzoutput) führen.

Die Abbildung 3 zeigt eine typische Realisierung eines KNN in einer grafischen Darstellung. Mathematisch lässt sich das Netz vollständig durch die Verwendung von Matrizen beschreiben. Da diese Darstellung jedoch weniger übersichtlich ist und im Rahmen dieser Abschlussarbeit nicht zwingend erforderlich, soll auf diese mathematische Darstellung nicht weiter eingegangen werden.[38]

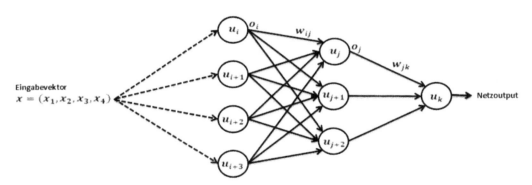

Abbildung 3 Technische Realisierung von Neuronalen Netzen[39]

Stark vereinfacht erhält jede Verarbeitungseinheit, dem sogenannten Neuron, u_i über n Eingangsschnittstellen Information, die zu einer Ausgabe o_i verarbeitet werden und über m Ausgabeschnittstellen anderen verbunden Neuronen u_j über eine gewichtete Verbindung w_{ij} zur Verfügung gestellt

---

[38] Detaillierte Informationen zur mathematischen Darstellung sind z.B. bei Zell, 2000 zu finden
[39] In Anlehnung an Chamoni/Beckmann/Bley, 2010, S.340

werden.[40] Die Gewichtung $w_{ij} \in \mathbb{R}$ der Verbindung zwischen zwei Neuronen i und j ersetzt den gewichteten Informationsfluss beim biologischen Vorbild, der durch das Zusammenspiel zwischen Dendriten und Synapsen geregelt wird.[41]

In den folgenden Abschnitten werden zunächst die Ausprägungen und Funktionsweisen der informationsverarbeitenden Einheiten näher betrachtet, um diese im Anschluss zu einem Netzwerk von Verarbeitungseinheiten zu kombinieren. Wie diese Netzwerke durch einen Lernalgorithmus parametrisiert werden, ist Betrachtungsgegenstand des Abschnitts 3.6.

3.4 Ausprägungen und Funktionsweise der Verarbeitungseinheiten

Es existieren zwei Ausprägungen von Verarbeitungseinheiten im Rahmen der technischen Realisierung von neuronalen Netzen.

Die als ON-Unit oder Bias-Unit[42] bezeichneten Verarbeitungseinheiten verarbeiten keine Informationen, sondern stellen lediglich eine wichtige Modellierungsalternative für die später behandelten Lernverfahren dar. Sie erhalten keine Informationen von vorgelagerten Neuronen und leiten automatisch eine Ausgabe $o_i = 1$ an alle verbundenen Neuronen j weiter. Dadurch wird über eine positive Gewichtung w_{ij} eine positive Voraktivierung und über eine negative Gewichtung w_{ij} eine negative Vorbelastung - auch Schwellenwert genannt - für die Neuronen j erreicht.[43] Die Verwendung von Schwellenwerten ist analog zum biologischen Vorbild sehr beliebt und wird im weiteren Verlauf dieser Abschlussarbeit näher betrachtet.

Betrachtungsgegenstand des weiteren Abschnittes sind nun informationsverarbeitende Neuronen, die analog zum biologischen Vorbild Informationen aufnehmen, verarbeiten und eine Ausgabe erzeugen. Dies erfolgt bei der technischen Realisierung über die sequentielle Berechnung der disjunkten Funktionen zur Eingabe f_{inp}, Aktivierung f_{act} und Ausgabe f_{out}[44], die in den folgenden Kapiteln dargestellt werden.

---

[40] Vgl. Crone, 2010, S. 167
[41] Vgl. Zell, 2000, S. 71
[42] Vgl. Zell, 2000, S. 81f
[43] Vgl. Rey/Wender, 2010, S. 29
[44] Vgl. Crone, 2010, S. 169

Während sich die Informationsverarbeitung mathematisch mit folgender Gleichung beschreiben lässt,

$$o_j = f_{out}(f_{act}(f_{inp}(w_{ij},o_i),\theta_j))$$

soll die folgende Abbildung das Zusammenspiel zwischen den drei Funktionen verdeutlichen und eine Übersicht über die folgenden drei Abschnitte liefern, in denen die Funktionen näher vorgestellt werden.

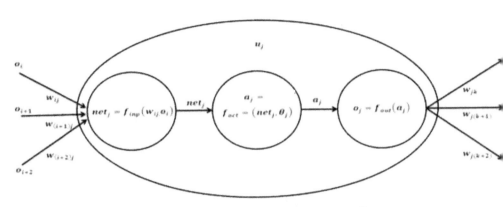

Abbildung 4 Informationsverarbeitung durch Neuronen[45]

3.4.1 Eingabefunktion

Die Eingabefunktion[46] f_{inp} berechnet die Netzeingabe net_j eines Neurons u_j aus den Ausgaben $o_i = (i = 1, 2, ..., m)$ der anderen m verbundenen Neuronen und den Verbindungsgewichten w_{ij}.[47]

$$net_j = f_{inp}(o_i, w_{ij})$$

Eingabesignale werden bei biologischen Neuronalen Netzen durch Synapsen verstärkt oder gehemmt, bevor sie das Neuron erreichen. Analog dazu werden bei Künstlichen Neuronalen Netzen die Signale o_i durch deren Verbindungsgewichte w_{ij} verstärkt oder gehemmt. So wird ein Signal durch ein Verbindungsgewicht $w_{ij} > 0$ verstärkt und durch ein Verbindungsgewicht $w_{ij} < 0$ gehemmt. Bei einem Verbindungsgewicht $w_{ij} = 0$ besteht keine Verbindung zwischen Neuron i und j.

---

[45] In Anlehnung an Crone, 2010, S. 168
[46] In der Literatur auch als Propagierungsfunktion oder Propagierungsregel bezeichnet.
[47] Vgl. Zell, 2000, S.72 oder Crone, 2010, S. 169

Üblicherweise[48] wird im Anwendungsgebiet der Prognose die Berechnung der Netzeingabe net_j über die gewichtete Summe gebildet:[49]

$$f_{inp} = net_j = \sum_{i=1}^{m} o_i \, w_{ij}$$

3.4.2 Aktivierungsfunktion

Die Aktivierungsfunktion[50] f_{act} berechnet mit der Netzeingabe net_j und einen Schwellenwert θ_j den Aktivitätszustand a_j des Neurons j.

$$a_j = f_{act}(net_j, \theta_j)$$

Der Schwellenwert θ_j simuliert das Verhalten eines biologischen Neurons, das erst ab einer gewissen Stärke von eingehenden Signalen durch das sogenannte „Feuern" Informationen an verbundene Neuronen weiterleitet. Im Rahmen der technischen Realisierung muss der Begriff jedoch etwas weiter ausgelegt werden, so dass ein Neuron j nur schwach oder gar nicht aktiviert ist, wenn $net_j \leq \theta_j$ und (stark) aktiv ist wenn $net_j > \theta_j$ gilt.

Typischerweise wird der Schwellwert θ_j als additive Komponente verwendet:[51]

$$a_j = f_{act}(net_j - \theta_j)$$

Für den Verlauf von Aktivierungsfunktionen kommen binäre Schrittfunktionen, lineare und sigmoide Funktionen in Betracht.

Die binäre Schrittfunktion[52] orientiert sich stark am biologischen Vorbild und kennt nur die beiden Zustände: Neuron feuert (1) oder Neuron feuert nicht (0). Der Schwellenwert θ_j ist also derjenige Wert, ab dem das Neuron eine Ausgabe $o_j = 1$ feuern soll. Die binäre Schrittfunktion spielt jedoch in modernen Netzwerk-Architekturen und damit auch im Rahmen der Prognose keine Rolle mehr da, man wissen möchte, wie stark ein Neuron feuert, die Funktion an der Sprungstelle nicht differenzierbar ist und die Ableitung an den Stellen, an den

---

[48] In der Literatur wird diese Methode fälschlicherweise oft als einzige Möglichkeit angesehen. In anderen Anwendungsbereich können sehr wohl andere Eingabefunktionen im Einsatz kommen. Siehe dazu Crone, 2010, S.170.
[49] Vgl. Zell, 2000, S.72f
[50] In der Literatur auch als Transfer-, Schwellenwert- oder Aktivitätsfunktion bezeichnet.
[51] Vgl. Crone, 2010, S.171
[52] In der Literatur auch als Schwellenwertfunktion bezeichnet

die Funktion definiert ist, gleich 0 ist.[53] Die Differenzierbarkeit der Aktivierungsfunktion ist für viele moderne Lernverfahren (z.B. Backpropagation) erforderlich.[54]

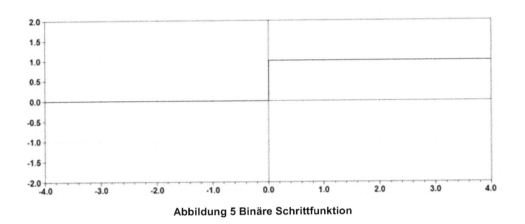

Abbildung 5 Binäre Schrittfunktion

Binäre Schrittfunktion:
$$f_{act}(net_j, \theta_j) = \begin{cases} 1 \ \forall \ net_j \geq \theta_j \\ 0 \ \forall \ net_j < \theta_j \end{cases}$$

Die lineare Aktivierungsfunktion[55] ist differenzierbar und monoton steigend, sodass sie für die meisten modernen Lernverfahren in Frage kommt. Ein weiterer Vorteil gegenüber der binären Schrittfunktion ist, dass Neuronen unterschiedlich stark feuern können.

---

[53] Vgl. Zell, 2000, S.90
[54] Vgl. Zell, 2000, S.90
[55] In der Literatur auch oft Identitätsfunktion genannt

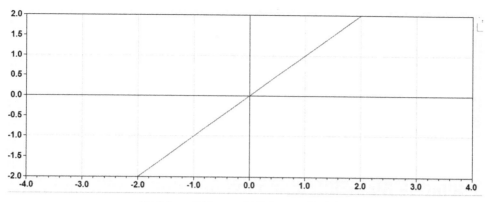

Abbildung 6 Lineare Aktivierungsfunktion

Lineare Aktivierungsfunktion: $\qquad f_{act}(net_j, \theta_j) = net_j - \theta_j$

Auch wenn die Anwendung von stetigen, nicht-linearen Aktivierungsfunktionen mit sigmoidem Verlauf eine populäre Funktion darstellt und gerade durch die Nichtlinearität immense Vorteile für die Anwendung zur Prognose mit sich bringt, werden lineare Aktivierungsfunktionen nicht selten bei Neuronen in der Ausgabeschicht verwendet.[56] Bei sigmoiden Funktionen sind die Logistische und Tangens hyperbolicus äußerst beliebt. Dabei gibt der Schwellenwert θ_j die Schwelle der Aktivierungsfunktion an, ab der das Neuron j stark aktiv ist. Mathematisch lässt sich diese Schwelle auch als die Stelle beschreiben, an der die Funktion die größte Steigung hat.[57]

---

[56] Vgl. Crone/Preßmar, 2006
[57] Vgl. Zell, 2000, S. 81

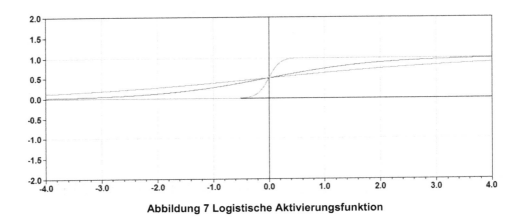

Abbildung 7 Logistische Aktivierungsfunktion

Logistische Aktivierungsfunktion:

$$f_{act}(net_j, \theta_j) = \frac{1}{1 + e^{\frac{-(net_j - \theta_j)}{T}}}$$

Mit T als „Temperatur"-Parameter lässt sich die logistische Aktivierungsfunktion beliebig genau an die binäre Schrittfunktion anpassen.

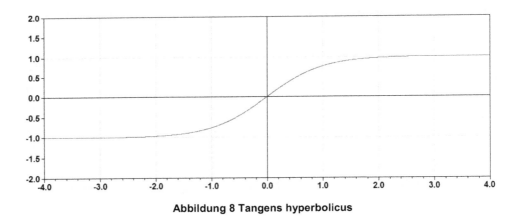

Abbildung 8 Tangens hyperbolicus

Tangens hyperbolicus:

$$f_{act}(net_j, \theta_j) = \frac{(1 - e^{-2(net_j - \theta_j)})}{(1 + e^{-2(net_j - \theta_j)})}$$

20

3.4.3 Ausgabefunktion

Die Ausgabefunktion f_{out} bestimmt aus Aktivitätszustand a_j die Ausgabe o_j eines Neurons j.

$$o_j = f_{out}(a_j)$$

Theoretisch kann die Ausgabefunktion alle Formen der Aktivierungsfunktion annehmen, dies kann aber für die Anwendung der Prognose vernachlässigt werden.[58] Vollständigkeitshalber wird deswegen eine Ausgabefunktion mit einem linearen Verlauf implementiert:

$$o_j = f_{out}(a_j) = a_j$$

3.5 Informationsverarbeitung in Netzwerken aus Verarbeitungseinheiten

Wie bereits erwähnt handelt es sich bei Künstlichen Neuronalen Netzen um Neuronen, die durch die Verknüpfung zu einem Netzwerk den funktionalen Zusammenhang zwischen einem Input und Output darstellen. Nachdem im letzten Abschnitt die Funktionsweise von Neuronen vorgestellt wurde, werden in diesem Abschnitt Unterscheidungskriterien von Netzwerken hinsichtlich ihrer Topologie, der Richtung des Informationsflusses und der Reihenfolge der Informationsverarbeitung aufgeführt.

3.5.1 Netzwerktopologie

Künstliche Neuronale Netze lassen sich in mehrere Schichten von informationsverarbeitenden Neuronen unterteilen. Dabei verfügt jedes Netz über eine Eingabeschicht, über die ausgewählte Daten dem Netz präsentiert werden und einer Ausgabeschicht, über die die Prognose das Netz verlässt. Dazwischen können sich 0 bis n verborgene Schichten befinden, die nicht im Kontakt mit der Außenwelt stehen und ausschließlich weitergeleitete Informationen verarbeiten. Während die Anzahl der Neuronen in der Eingabe- und Ausgabeschicht durch die Anzahl der erklärenden und der zu erklärenden Variablen bestimmt werden, gibt es für die verborgene(n) Schicht(en) keine Anhaltspunkte über deren optimale Struktur. Verfahren zur Bestimmung der

---

[58] Vgl. Crone, 2010, S. 175

21

optimalen Struktur für die verborgene(n) Schicht(en) werden im Abschnitt 4.4 vorgestellt.

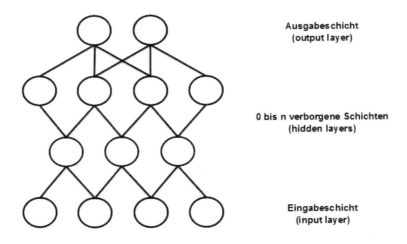

Abbildung 9 Netzwerktopologie

3.5.2 Informationsfluss

Nachdem KNN im letzten Abschnitt in Schichten unterteilt wurden, wird in diesem Abschnitt erläutert, wie der Informationsfluss zwischen den Schichten geregelt wird.

Grob lässt sich der Informationsfluss innerhalb KNN in Netzwerke mit Rückkopplung[59] und Netze ohne Rückkopplung[60] unterteilen. Rückkopplung bedeutet in diesem Zusammenhang, dass Informationen nicht nur in eine Richtung fließen, sondern auch Informationen von Neuronen aus höheren Schichten zurückgeführt werden können.

Beide Arten des Informationsflusses finden im Anwendungsgebiet der Prognose ihre Verwendung[61] und werden in der Literatur häufig durch folgende Ausprägungen konkretisiert und durch Abbildung 10 visualisiert:[62]

---

[59] In der Literatur oft auch als rekurrente Netze bekannt
[60] In der Literatur oft auch als vorwärtsgerichtete Netze oder feed forward neural networks bekannt
[61] Vgl. Crone, 2010, S. 181
[62] Vgl. Zell, 2000, S.78

a) Ebenenweise verbundene Netze ohne Rückkopplung

Dieser Netztyp erlaubt einen Informationsfluss nur von einer Schicht zur nächst höheren Schicht.

b) Ebenenübergreifend verbundene Netze ohne Rückkopplung

Bei dieser Form eines Künstlichen Neuronalen Netzwerkes ohne Rückkopplung dürfen Ebenen übersprungen werden. Dieses Überspringen wird in der Literatur oft auch als Shortcut bezeichnet und besagt, dass eine Information über eine „Abkürzung" direkt an höhere Schichten weitergeleitet werden darf.

c) Netze mit direkter Rückkopplung

Netze mit direkter Rückkopplung enthalten Neuronen, die Informationen an sich selber weiterleiten.

d) Netze mit indirekter Rückkopplung

Unter dieser Bezeichnung werden Netze beschrieben, die Informationen von höheren Schichten an niedrigere Schichten zurückführen. Dadurch kann eine rückwirkende Hemmung oder Stärkung von Neuronen aus niedrigeren Schichten vorgenommen werden.

e) Netze mit lateraler Rückkopplung

Unter lateraler Rückkopplung oder seitlicher Rückkopplung werden Rückkopplungen innerhalb einer Ebene verstanden.

f) Vollständig verbundene Netze mit Rückkopplung

Vollständig verbundene Netze mit Rückkopplung beschreiben Netze, bei denen alle Neuronen untereinander, aber nicht direkt[63] miteinander verbunden sind.

---

[63] Direkt im Sinne von Netze mit direkter Rückkopplung

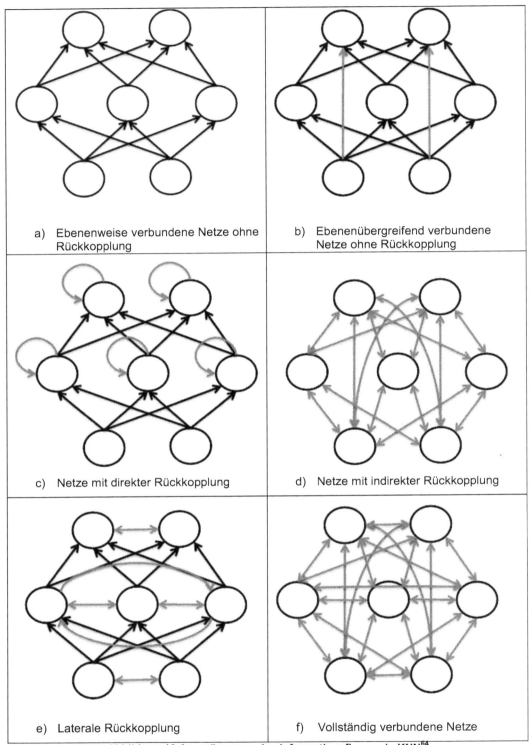

a) Ebenenweise verbundene Netze ohne Rückkopplung

b) Ebenenübergreifend verbundene Netze ohne Rückkopplung

c) Netze mit direkter Rückkopplung

d) Netze mit indirekter Rückkopplung

e) Laterale Rückkopplung

f) Vollständig verbundene Netze

Abbildung 10 Ausprägungen des Informationsflusses in KNN[64]

---

[64] Abbildung modifiziert übernommen von Zell, 2000, S. 79

24

3.5.3 Verarbeitungsstrategie

Im vorangegangen Kapitel wurde bereits definiert, dass die Informations-verarbeitung der Neurons über folgende Formel bestimmt wird:

$$o_j = f_{out}\left(f_{act}(f_{inp}(w_{ij}, o_i), \theta_j)\right)$$

Durch diese Gleichung wird jedoch lediglich festgelegt, wie Informationen im Neuron verarbeitet werden und nicht wann. „In einem parallelen System ist es aber von großer Bedeutung, in welcher Reihenfolge Neuronen ihre Eingaben erhalten und ihre Ausgabe berechnen."[65] Zell[66] unterteilt die Verarbeitungs-strategien, also die Reihenfolge der Verarbeitung, in synchrone und asynchrone Systeme.

Synchrone Systeme eignen sich besonders für Netze mit Rückkopplung. Die Informationsverarbeitung in synchronen Systemen sieht vor, dass alle Neuronen gleichzeitig dieselben Verarbeitungsschritte durchführen. Das bedeutet:

Schritt 1: Alle Neuronen u_j berechnen gleichzeitig den Netzinput net_j

Schritt 2: Alle Neuronen u_j berechnen gleichzeitig den Aktivitätszustand a_j

Schritt 3: Alle Neuronen u_j berechnen gleichzeitig den Output o_j

Bei asynchronen Systemen verarbeiten Neuronen Informationen zu unterschiedlichen Zeitpunkten. Dabei kann der Zeitpunkt durch eine feste, zufällige oder topologische Ordnung bestimmt sein. Beim Letztgenannten erfolgt die Informationsverarbeitung schrittweise - also zuerst die Eingabeschicht, dann die verborgenen Schichten und dann die Ausgabeschicht. Dieses Verfahren eignet sich besonders für ebenenweise verbundene Netze ohne Rückkopplung.

---

[65] Zell, 2000, S.87
[66] Vgl. Zell, 2000, S.87f

3.6 Parametrisierung von Netzwerken aus Verarbeitungseinheiten

Nachdem in den letzten Abschnitten alle für die Prognose relevanten Komponenten und deren Eigenschaften zur Bildung einer Netzwerkarchitektur behandelt wurden, beschäftigt sich dieser Abschnitt mit der Parametrisierung der Verbindungsgewichte w_{ij} zwischen allen Neuronen i und j und der Schwellenwerte θ_j aller Neuronen j.

Eine Parametrisierung von KNN, die sich nicht nur auf die Modifikation von Verbindungsgewichten und Schwellenwerten konzentriert, bietet für die Zukunft noch spannende Forschungstätigkeiten. Zum Beispiel bietet die Modifikation der Eingabe-, Aktivierungs- oder Ausgabefunktionen durch ein Lernverfahren einen interessanten Denkansatz, der noch nicht weit verbreitet ist. Die logistische Aktivierungsfunktion würde sich für Forschungen in diesem Gebiet besonders anbieten, da sie bereits über den Parameter T eine denkbare Schnittstelle zu einem Lernalgorithmus beinhaltet.

Jedoch liegt der Fokus dieser Abschlussarbeit auf der Parametrisierung der Verbindungsgewichte und der Schwellenwerte. Wie bereits angesprochen, lässt sich jeder Schwellenwert durch Zuhilfenahme eines „On"-Neurons alternativ modellieren. [67] Dazu wird der Schwellenwert θ_j einfach als Verbindungsgewicht w_{ij} zwischen einen „On"-Neuron und einem informationsverarbeitenden Neuron j implementiert (siehe Abbildung 11). Durch diese Umformung kann das Lernverfahren deutlich vereinfacht werden, da man nur noch einen Parameter bearbeiten muss. Aus diesem Grund wird im Weiteren nur von einer Parametrisierung von Verbindungsgewichten w_{ij} gesprochen.

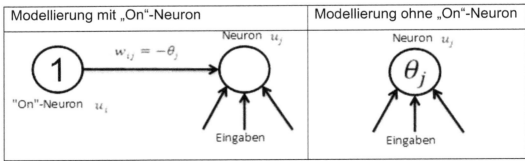

Abbildung 11 Umformung durch "On"-Neuron

---

[67] Siehe 3.4

3.6.1 Trainings- und Validierungsphasen

In der Trainingsphase werden Lernalgorithmen (oder Lernregeln) verwendet, um den Parameter des Künstlichen Neuronalen Netzes auf Basis der zur Verfügung gestellten Daten Werte zuzuweisen. „Dabei sollte ein Lernverfahren assoziative Lernziele verfolgen, welches die freien Parameter der KNN derart verändert, dass ein KNN nach wiederholter Präsentation von Paaren aus Eingabe- und Ausgabemustern die korrekte Assoziation für bekannte Muster selbstständig vornehmen kann und darüber hinaus unbekannte, ähnliche Eingabemuster im Sinne einer Generalisierung korrekt zuordnet."[68]

Es lassen sich folgende Arten des Lernens im Zusammenhang mit KNN benennen:[69]

- **Überwachtes Lernen (supervised learning)**

   Beim überwachten Lernen werden Daten benötigt, die neben dem Eingabemuster auch die „richtigen" Ausgabemuster beinhalten. Das KNN berechnet durch die Präsentation der Eingabemuster eine Ausgabe, die mit der „gewünschten" Ausgabe verglichen wird. Die Differenz zwischen tatsächlicher Ausgabe und „gewünschter" Ausgabe wird als Grundlage für die Modifikation der Gewichte verwendet, um die Differenz beziehungsweise den Fehler zu minimieren.

- **Bestärkendes Lernen (reinforcement learning)**

   Das bestärkende Lernen arbeitet ähnlich wie das überwachte Lernen und wird daher in der Literatur teilweise als Methode des Oberbegriffes „Überwachtes Lernen" aufgeführt. Da sich das bestärkende Lernen im Gegensatz zum überwachten Lernen[70] zu Prognosezwecken aufgrund seiner Ineffizienz nur bedingt eignet[71] wird in dieser Abschlussarbeit klarer zwischen diesen beiden Ansätzen differenziert. Beim bestärkenden Lernen können oder sollen die Ausgabemuster ausschließlich dazu genutzt werden, um Aussagen über die Korrektheit einer vom KNN erzeugten Ausgabe zu treffen. Da der Lernalgorithmus nur weiß, ob die Ausgabe richtig oder falsch war und nicht weiß was genau falsch war, muss sukzessive nach der besten

---

[68] Zell, 2000, S.93
[69] Vgl. z.B. Zell, 2000, S. 93ff
[70] Nach der Definition in dieser Abschlussarbeit.
[71] Vgl. Crone, 2010, S.192

Lösung gesucht werden. Dies erhöht natürlich den Lernaufwand gegenüber dem überwachten Lernen.

- **Unüberwachtes Lernen (unsupervised learning)**

  Bei dieser Art des Lernen können oder sollen nur die Eingabemuster zum Lernen verwendet werden. Dabei wird das KNN entsprechend den Gemeinsamkeiten in den Eingabemustern parametrisiert.

Wie bereits gerade angedeutet, sollte die Parametrisierung eines KNN, welches zur Prognose verwendet wird, immer ein überwachtes Lernverfahren verwenden, wenn die Trainingsdaten die Verwendung erlauben. Vor dem überwachten Lernvorgang ist es üblich, die Datenmengen in Trainingsdaten und Validierungsdaten zu unterteilen. In der Trainingsphase wird das KNN mit den Trainingsdaten nach dem oben beschriebenen Schema parametrisiert. Die Trainingsdaten können mehrmals in z Lernschritten zur Modifikation verwendet werden. Nach jedem Lernschritt z wird aus der Abweichung zwischen tatsächlicher Ausgaben und „gewünschter" Ausgaben der durchschnittliche Gesamtfehler E berechnet. Da in jedem Lernschritt z dem KNN die gleichen Trainingsdaten präsentiert werden, wird der durchschnittliche Gesamtfehler E bei zunehmender Anzahl an Lernschritten immer weiter abnehmen. Ziel des Lernverfahrens ist jedoch nicht, dass das KNN nur bei bekannten Eingabemustern zu den gewünschten Ausgaben kommt, sondern auch bei unbekannten Eingabemustern zu guten Ergebnissen kommt. Da die Generalisierungsfähigkeit anhand der Trainingsdaten nicht beurteilt werden kann, läuft parallel zu der Trainingsphase eine Validierungsphase ab.

In dieser Phase werden dem KNN die unbekannten Validierungsdaten präsentiert und aus den Abweichungen zwischen tatsächlicher Netzausgaben und der „gewünschten" Ausgaben ebenfalls der durchschnittliche Gesamtfehler berechnet. Da ein KNN in der Validierungsphase nicht lernt, können die Validierungsdaten in z Lernschritten als unbekannte Datenmuster benutzt werden. Der durchschnittliche Gesamtfehler der Validierungsdaten nimmt zuerst ab, da die Modifikation der Parameter auch bei unbekannten Daten zu besseren Ausgaben führen. Bei steigender Anzahl von Lernschritten passen sich die Parameter jedoch so stark an die Trainingsdaten an, dass unbekannte

Eingabemuster zu erhöhten Fehlern führen. Dies wird auch als Overfitting bezeichnet und ist in der folgenden Abbildung 12 sehr gut zu erkennen.

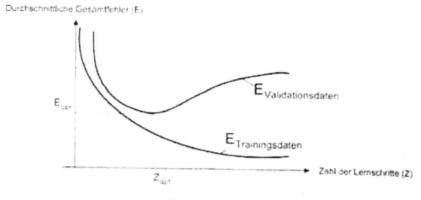

Abbildung 12 Overfitting

Die Aufgabe eines Lernverfahrens muss es also sein, den Lernvorgang abzubrechen, wenn der durchschnittliche Gesamtfehler der Validierungsdaten über mehrere Lernschritte ansteigt.[72]

---

[72] Vgl. Crone, 2010, S.205

3.6.2 Ausgewählte Verfahren zur Parametrisierung

Verfahren, die in der Trainingsphase für die Modifikation der Parameter zuständig sind, gebührt in dem Forschungsgebiet der KNN höchste Aufmerksamkeit. Dies hat zur Folge, dass in der Literatur unzählige solcher Verfahren und Modifikationen bestimmter Verfahren existieren, deren Behandlung den Rahmen dieser Abschlussarbeit überschreiten würde. Aus diesem Grund konzentriert sich diese Abschlussarbeit auf die Delta-Regel und die Backpropagation-Regel, die beide überwachte Lernverfahren darstellen. Die Delta-Regel findet zwar in modernen Anwendungen des KNN keine Verwendung mehr, jedoch bietet sie eine übersichtliche Einleitung in die Funktionsweise eines Lernverfahrens. Dagegen findet die Backpropagation-Regel, die eine Erweiterung der Delta-Regel darstellt, große Zustimmung bei der Anwendung zur Prognose. Die Delta-Regel lautet:

$$\Delta w_{ij} = \eta o_i \left(t_j - o_j \right) = \eta o_i \, \delta_j$$

Wobei Δw_{ij} die Gewichtsveränderung der Verbindung zwischen den Neuronen i und j, η ist eine konstante Lernrate und $\delta_j = \left(t_j - o_j \right)$ die Differenz zwischen dem gewünschten Output t_j und dem tatsächlichen Output o_j des Neurons j darstellt. Angewendet werden kann die Delta-Regel bei linearen Aktivierungsfunktionen und einer einzigen Schicht trainierbarer Gewichte.[73]

Da moderne Netzwerkarchitekturen gerne mit sigmoiden Aktivierungsfunktionen und mit verborgenen Schichten arbeiten, wurde die Delta-Regel für den erweiterten Einsatz modifiziert und ist unter dem Namen Backpropagation-Regel bekannt. Die Berechnungsvorschrift der Gewichtsveränderung w_{ij} lautet genau wie bei der Delta-Regel: $\Delta w_{ij} = \eta o_i \, \delta_j$

Wobei hier δ_j wie folgt berechnet wird:

$$\delta_j = \begin{cases} f'_{act,j}\left(net_j\right)\left(t_j - o_j\right) & \text{falls } j \text{ ein Ausgabeneuron ist} \\ f'_{act,j}\left(net_j\right) \sum_k \left(\delta_k w_{jk}\right) & \text{falls } j \text{ ein verborgenes Neuron ist} \end{cases}$$

Wobei k alle verbundenen Neuronen einschließt, die direkte Nachfolger vom Neuron j sind.

---

[73] Vgl. Zell, 2000, S.85

3.7 Ausgewählte Netzwerkparadigmen

Im Rahmen dieser Abschlussarbeit wurden bis zu diesem Punkt alle wichtigen Komponenten genannt, die einem Modellierer zur Erstellung eines KNN zur Verfügung stehen. Für jede dieser Komponenten existieren unzählige Ausprägungen, Modifikationen und Einstellungsvariationen, die selbst durch eine Konzentration auf die Anwendung zur Prognose teilweise nur exemplarisch darstellt werden können. Da diese hohe Anzahl an Freiheitsgraden das experimentelle Testen von Netzwerkarchitekturen zur Identifikation des optimalen Modells sehr aufwendig macht, wurden Netzwerkparadigmen entwickelt, die sich zur Anwendung auf eine bestimmte Problemstellung fokussiert haben und die Anzahl der Freiheitsgrade reduziert haben. Dadurch muss der Modellierer „nur noch" zwischen einem Netzwerkparadigma und innerhalb des Netzwerkparadigmas zwischen den zur Verfügung stehenden Freiheitsgraden wählen.

Für das Anwendungsgebiet der Prognose eigenen sich folgende Paradigmen:

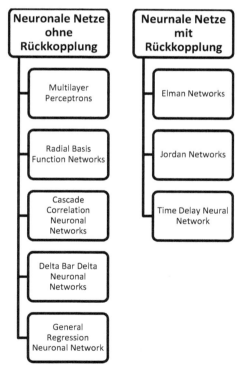

Abbildung 13 Netzwerkparadigma zur Prognose[74]

---

[74] In Anlehnung an Levine, 2000, S. 200

Exemplarisch soll im Rahmen dieser Abschlussarbeit die Multilayer Perceptrons vorgestellt werden, die sehr häufig für Prognoseprobleme verwendet werden und sich trotz Verringerung der Freiheitsgrade für Ein- und Mehrschrittprognosen sowie zu Zeitreihenprognosen und kausalen Prognosen eignet.

Multilayer Perceptrons sind KNN ohne Rückkopplung, mit mindestens einer verdeckten Schicht von Neuronen und sigmoiden Aktivierungsfunktionen. Gemäß diesen Eigenschaften wird in der Regel die Backpropagation-Regel als Lernverfahren gewählt.

Die folgende Abbildung zeigt exemplarisch eine Zeitreihenprognose für das Merkmal „Absatz". Absatzmengen aus vergangenen Perioden dienen dabei als Eingabedaten, über die das KNN Prognosen über zukünftige Absatzmengen treffen kann.

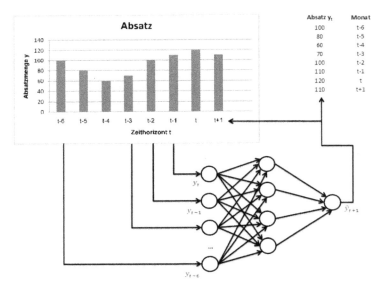

Abbildung 14 Zeitreihenprognose[75]

---

[75] Grafik in Anlehnung an Crone, 2010, S. 226

In der folgenden Abbildung wird eine kausale Prognose für das Merkmal „Absatz" durchgeführt. Dabei dienen hier exemplarisch die Merkmale „Marktvolumen" und „Werbeausgaben" als Grundlage für zukünftige Absatzmengen.

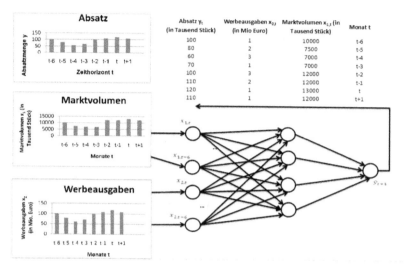

Abbildung 15 Kausale Prognose[76]

---

[76] Grafik in Anlehnung an Crone, 2010, S.227

4 Vorgehensmodell zur quantitativen Prognose in Management Support Systemen durch Künstliche Neuronale Netze

4.1 Überblick

Wie bereits einleitend erläutert, wird im Rahmen dieser Abschlussarbeit die Informationsgenerierung durch KNN nicht isoliert, sondern als integrierter Bestandteil eines modernen Management Support Systems betrachtet. Aus diesem Grund ist das nun vorgestellte Vorgehensmodell zur quantitativen Prognose durch KNN stark mit dem Business Intelligence Konzept[77] verknüpft. Mit Hilfe dieses Vorgehensmodells sollen dem Leser Anhaltspunkte zur Entwicklung einer DV-Anwendung vorgestellt werden, die ein KNN zur quantitativen Prognose verwendet. Durch die Integration in den BI-Ordnungsrahmen wird der Zugriff auf die unternehmensweite dispositive Datenhaltung, sowie der Zugang auf die generierten Information gemäß dem informationstechnischen Prinzips über das BI-Portal gesichert. Leider existiert für die Entwicklung solcher DV-Anwendungen kein standardisiertes Vorgehensmodell, sodass in der Literatur und in der Praxis unterschiedliche Herangehensweisen ihre Verwendung finden. Im weiteren Verlauf dieses Kapitels soll das Vorgehensmodell entlang der vier Phasen: Definition der Problemstellung, Datenbereitstellung, Modellerstellung und Anwendung konkretisiert werden. Diese Aufteilung hat den großen Vorteil, dass in den jeweiligen Phasen nur eine BI-Komponente betrachtet wird.

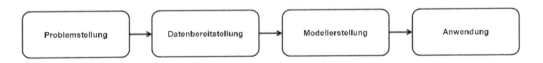

Abbildung 16 Vorgehensmodell - Überblick

---

[77] vgl. Abschnitt 2.4

4.2 Formulierung der Problemstellung

Zu Beginn der Entwicklung einer DV-Anwendung für KNN zur Prognose muss geprüft werden, ob sich KNN für die Lösung der Problemstellung eignen und ob die Realisierung wirtschaftlich ist.

Wie anfangs erwähnt, eigenen sich KNN für wirkungsdefekte Problemstellungen, bei denen der Zusammenhang zwischen erklärenden und davon abhängigen zu erklärenden Merkmalen nicht exakt durch einen festen Algorithmus abgebildet werden kann. Sollte eine Problemstellung durch einen transparenten Algorithmus abgebildet werden können, so ist diese Lösung dem KNN in jedem Fall vorzuziehen. Neben der Eignung der Methode für den Problemtyp, müssen ausreichend Daten zur Verfügung stehen, um den Wirkungseffekt während der Lernphase gut im Modell abbilden zu können. Diese Daten müssen zu diesem Zeitpunkt nicht zwingend im Datenbestand der Unternehmung vorliegen, sondern können nachträglich von externen Anbietern bezogen werden und den bisherigen Datenbestand ergänzen.

Wenn die formalen Anforderungen eines KNN erfüllt sind, kann die Problemstellung konkretisiert werden. Hierfür sollte zum Beispiel definiert werden, welcher Prognosehorizont betrachtet werden soll und in welchen zeitlichen Abständen Prognosen durchgeführt werden sollen.

4.3 Datenbereitstellung

Die Datenbereitstellung wird technisch über das Data-Warehouse-Konzept sichergestellt, welches eine anwendungsübergreifende, integrierte, zeitbezogene, themenorientierte und beständige Datenhaltung für dispositive Verwendungszwecke darstellt.[78]

Betrachtungsgestand dieses Abschnitts ist es, die richtigen Daten für die Parametrisierung des KNN im Data Warehouse zu identifizieren beziehungsweise fehlende Daten zu akquirieren und im Data Warehouse verfügbar zu machen. Nachdem der gewünschte Datenbestand verfügbar ist, empfiehlt es sich, die Datenmenge speziell für die Anwendung in KNN vorzubereiten. Abbildung 17 veranschaulicht das Vorgehen während der Datenbereitstellung.

---

[78]Vgl. Kapitel 2.4.1

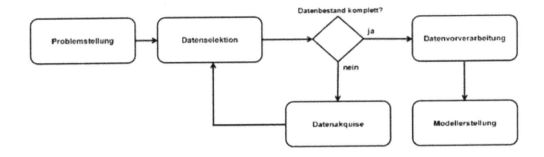

Abbildung 17 Datenbereitstellung

4.3.1 Datenselektion

KNN sind nicht in der Lage selbstständig zu bestimmen, welche Daten aus dem riesigen Pool an Geschäftserfahrung für die Abbildung des funktionalen Zusammenhangs geeignet sind. Die Auswahl der richtigen Daten sollte auf Basis einer der folgenden Methoden getroffen werden:[79]

- Auswahl aufgrund eines theoretischen (betriebswirtschaftlichen) Modells oder Prinzips

- Befragungen von Experten, die Hinweise auf erklärende Merkmale liefern können

- Auswahl von Variablen durch grafische Analysen (z.B. Scatter-Plot, Box-Plot)

- Auswahl von Variablen durch statistische Verfahren

Gerade die Auswahl von Variablen durch grafische und statistische Analysen kann durch andere DV-Anwendung, die ebenfalls auf das Data Warehouse zugreifen, deutlich wirtschaftlicher gestaltet werden. Die DV-Anwendungen sind in der Lage über einen festen Algorithmus große Datenmengen nach Zusammenhängen zwischen ihnen und der zu erklärenden Variable zu durchsuchen. Dadurch können auch Korrelationen entdeckt werden, die von Experten oder von theoretischen Modellen noch nicht vermutet worden sind.

Da die Interpretation der Ergebnisse solcher DV-Anwendungen und deren Prüfung auf betriebswirtschaftliche Plausibilität immer Aufgabe des Menschen

---

[79] Vgl. Anders, 1997, S. 98f

36

bleiben sollte, werden im Folgenden jeweils eine Methode zur statistischen und grafischen Analyse exemplarisch vorgestellt.

4.3.1.1 Korrelationsmaß nach Bravais und Pearson

Als Methode zur statistischen Datenanalyse wird in diesem Abschnitt das lineare Korrelationsmaß nach Bravais-Pearson vorgestellt. Das Korrelationsmaß r_{xy} liefert einen Hinweis auf die Stärke und die Richtung des linearen Zusammenhangs zwischen einem erklärenden Merkmal X und einem zu erklärenden Merkmal Y über:

$$r_{xy} = \frac{\sum_{i=1}^{n}(x_i - \bar{x})(y_i - \bar{y})}{\sqrt{\sum_{i=1}^{n}(x_i - \bar{x})^2}\ \sqrt{\sum_{i=1}^{n}(y_i - \bar{y})^2}}$$

Wobei x_i und y_i für $i = 1, 2, \ldots, n$ die Beobachtungswerte sind, die im Datenbestand für die Merkmale X und Y vorliegen und $\bar{x}$ und $\bar{y}$ die arithmetischen Mittel für die Beobachtungswerte darstellen.

Während die Richtung des linearen Zusammenhangs für die Interpretation des Ergebnisses vernachlässigt werden kann, könnte die Stärke des linearen Zusammenhangs ein Kriterium für die Wahl eines erklärenden Merkmals X sein. Dabei gilt je näher $|r_{xy}|$ bei 1 liegt, desto stärker und je näher $|r_{xy}|$ bei 0 liegt, desto schwächer ist der lineare Zusammenhang zwischen X und Y.

Eine Rangliste, in der für alle potentiellen erklärenden Merkmalen X im Datenbestand ein Korrelationsmaß berechnet wird und der Größe nach absteigender sortiert wird, könnte übersichtlich darstellen, welche Merkmale sich für die Abbildung des funktionalen Zusammenhangs anbieten.[80]

---

[80] Das Tool Microsoft Analysis Services des Microsoft SQL Servers bietet eine sehr ähnlich Funktion zur Unterstützung der Auswahl von Daten an.

4.3.1.2 Scatter-Plot-Methode

Die Scatter-Plot-Methode visualisiert den Zusammenhang zwischen einem erklärenden Merkmal X und einem zu erklärenden Merkmal Y durch Punkte (x_i, y_i) für die Beobachtungswerte $i = 1, ..., n$. Durch Verteilung der Punkte (x_i, y_i) beziehungsweise durch das Entstehen von sogenannten Punktwolken lassen sich sowohl Art des Zusammenhangs (linear, nicht-linear) und die Richtung des Zusammenhangs veranschaulichen.

Die folgende Abbildung 18 zeigt beispielhaft ein Ergebnis der grafischen Scatter-Plot-Analyse für die erklärenden Merkmale $X1$ und $X2$ und dem zu erklärenden Merkmal Y.

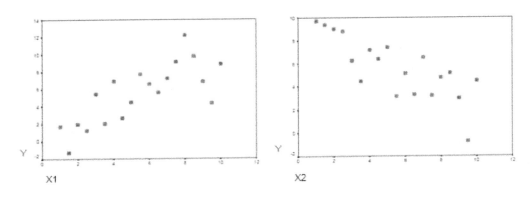

Abbildung 18 Scatter-Plot-Methode[81]

4.3.2 Datenakquise

Sollten noch nicht alle benötigten Daten im Data Warehouse zur Verfügung stehen, so besteht natürlich noch die Möglichkeit, diese nachträglich aufzunehmen. Neue Daten können dabei aus operativen Systemen oder externen Quellen stammen oder durch die Verarbeitung bereits im Data Warehouse vorhandener Daten entstehen.

Daten aus operativen und externen Quellen werden über den ETL-Prozess in das Data Warehouse geladen und für dispositive Aufgaben hergerichtet.[82] Die Filterung und Harmonisierung der Daten stellen dabei die zentralen Tätigkeiten dar und werden im Folgenden näher erörtert. Im Anschluss daran können durch

---

[81] Grafik leicht modifiziert übernommen von Christof, 2009
[82] Siehe Kapitel 2.4.1

Aggregation und Anreicherung neue oder bereits vorhandene gefilterte und harmonierte Daten als Grundlage für weitere Berechnungen genutzt werden.

4.3.2.1 Filterung

Durch die Filterung werden die „benötigen Daten, die meist aus heterogenen unternehmensinternen und -externen Quellen stammen selektiert, zwischengespeichert und von Mängeln befreit."[83] Im ersten Schritt werden die Daten aus den externen und operativen Datenquellen identifiziert und selektiert, die im Data Warehouse gespeichert werden sollen. Für jede Datenquelle wird dazu ein spezieller Extraktionsbereich angelegt, in dem nur Daten aus einer Datenquelle gespeichert werden. Durch die getrennte Speicherung in den Extraktionsbereichen können nun systemspezifische Mängel beseitigt werden. Mängel, die in dieser Phase behoben werden, lassen sich in syntaktische und semantische Mängel unterteilen.[84] Während unter syntaktischen Mängeln eine fehlerhafte „code-technische Darstellung" verstanden wird, die relativ problemlos erkannt und behoben werden kann, handelt es sich bei semantischen Mängeln, um Mängel die die betriebswirtschaftliche Aussagekraft der Daten beeinträchtigen. Typische semantische Mängel werden verursacht durch:

- Datensätze mit fehlenden Werten
- Datensätze mit Inkonsistenten
- Datensätze mit unrealistischen Werten
- Datensätze mit Werten außerhalb des Wertebereiches
- Doppelte Datensätze

Semantische und syntaktische Mängel können durch fehlerhafte Benutzung der operativen Anwendungen durch den Benutzer, fehlerhafte Schnittstellen oder fehlerhafte operative Anwendungen entstehen. Werden solche Mängel im Extraktionsbereich erkannt, so sollte die Fehlerbehandlung in den operativen Systemen oder an der Schnittstelle getätigt werden, damit die Mängel in Zukunft nicht mehr auftreten. Da diese Fehlerbehandlung sicherlich einige Zeit in Anspruch nehmen kann und sich bereits wertvolle Daten in dem System befinden, hat man auch im Extraktionsbereich die Möglichkeit, Mängel im

---

[83] Kemper/Mehanna/Unger, 2006, S. 24
[84] Vgl. Kemper/Mehanna/Unger, 2006, S. 24ff

Datenbestand zu beheben. Während sich doppelte Datensätze relativ einfach durch das Löschen eines Datensatzes beheben lassen, muss bei Datensätzen mit fehlenden, unrealistischen oder inkonsistenten Datensätzen von Anwendungsfall zu Anwendungsfall entschieden werden, ob und wie die Daten gerettet werden können.

Abbildung 19 visualisiert nochmals die entscheidenden Tätigkeiten der Filterung von operativen und externen Daten.

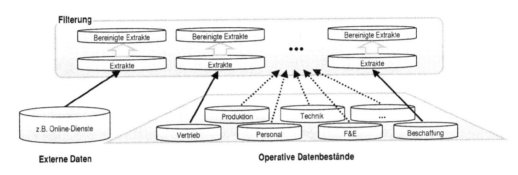

© Kemper. Mehanna, Unger: Business Intelligence. Vieweg 2004. ISBN 3-528-05802-1

Abbildung 19 Filterung[85]

4.3.2.2 Harmonisierung

Nachdem durch die Filterung die relevanten Daten selektiert und von systemspezifischen Mängeln bereinigt wurden, ist das Ziel der Harmonisierung die Integration der noch in unterschiedlichen Extraktionsbereichen gespeicherten Daten. In diesem Zusammengang wird erneut zwischen einer syntaktischen und semantischen Harmonisierung unterschieden.[86]

Tätigkeiten bei der syntaktischen Harmonisierung beziehen sich in der Regel auf die Integration unterschiedlich kodierter Daten. Zum Beispiel könnte das Merkmal „Geschlecht" in der Datenquelle A mit den Merkmalsausprägungen $\{w, m\}$ und in der Datenquelle B mit den Merkmalsausprägungen $\{weiblich, m\ddot{a}nnlich\}$ beschrieben werden. Während der syntaktischen Harmonierung werden also die unterschiedlich kodierten Daten durch ein festes Schema einheitlich kodiert und somit syntaktisch integriert.

---

[85] Abbildung übernommen aus Kemper/Mehanna/Unger, 2006, S. 24
[86] Vgl. Kemper/Mehanna/Unger, 2006, S.27ff

Bei der semantischen Harmonisierung, die auch als auch betriebswirtschaftliche Harmonisierung bekannt ist, werden die Daten einem betriebswirtschaftlichen Kontext zugeordnet und auf ein einheitliches Granularitätsniveau gebracht. Dies kann beispielsweise so aussehen, dass das Merkmal „Umsatz" als Produkt von den Merkmalen „Absatzmenge" und „Verkaufspreis" definiert wird und dessen Merkmalsausprägungen sich auf den täglichen Umsatz einer Filiale beziehen.

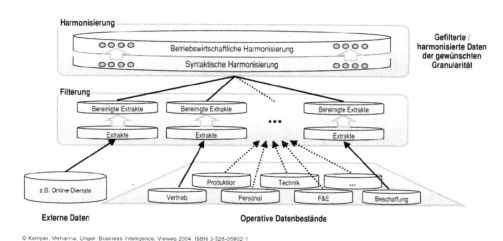

© Kemper, Mehanna, Unger: Business Intelligence, Vieweg 2004. ISBN 3-528-05802-1

Abbildung 20 Harmonisierung[87]

4.3.2.3 Aggregation

Unter Aggregation versteht man die Verdichtung von Daten im Data Warehouse entlang einer Verdichtungsstruktur.[88] Diese Verdichtungsstruktur kann zeitlicher oder räumlicher Natur sein. Zum Beispiel können Tagesumsätze der Unternehmung hinsichtlich einer zeitlichen Verdichtungsstruktur zum Umsatz der Woche w, des Monats m und des Jahres j weiter verdichtet werden beziehungsweise der Tagesumsatz hinsichtlich einer räumlichen Verdichtungsstruktur zum Umsatz einer Region r oder eines Landes l zusammengefasst werden.

---

[87] Abbildung übernommen aus Kemper/Mehanna/Unger, 2006, S. 28
[88] Vgl. Kemper/Mehanna/Unger, 2006, S. 31f

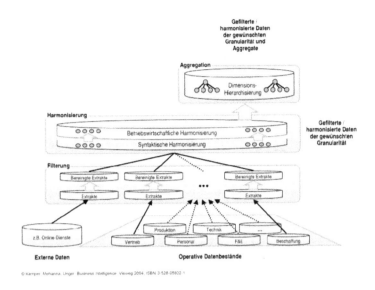

Abbildung 21 Aggregation[89]

4.3.2.4 Anreicherung

Im Rahmen des Business Intelligence Konzeptes wird unter Anreicherung die Berechnung neuer betriebswirtschaftlicher Kennzahlen auf Basis harmonisierter und aggregierter Daten verstanden. Beispielsweise lässt sich der Datenbestand im Data Warehouse um das Merkmal „Gewinn" anreichern, in dem man die Differenz zwischen dem Umsatz und den Kosten bildet.

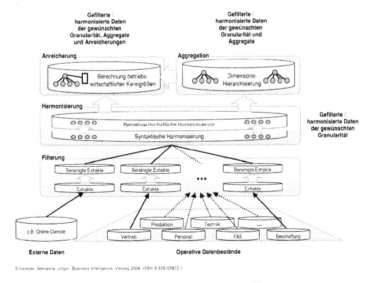

Abbildung 22 Anreicherung[90]

---

[89] Abbildung übernommen aus Kemper/Mehanna/Unger, 2006, S. 32
[90] Abbildung übernommen von Kemper/Mehanna/Unger, 2006, S. 33

4.3.3 Datenvorverarbeitung

In diesem Abschnitt werden Maßnahmen zur Verbesserung der Datenqualität und Behebung von Datenproblemen erläutert, die - wenn sie nicht getätigt werden - das Verhalten von KNN negativ beeinflussen. In der Literatur herrscht Unstimmigkeit über die Notwendigkeit spezieller datenvorbereitenden Maßnahmen. Gründe für die Unstimmigkeiten sind unterschiedliche Erwartungshaltungen über die Fähigkeit von KNN mit Datenproblemen oder mit Daten in schlechter Qualität umzugehen. In dieser Abschlussarbeit soll auf die wichtigsten Methoden der Datenvorbereitung näher eingegangen werden, da der Entwickler sich durch diese Tätigkeit intensiv mit der Datenmaterie auseinander setzen muss und das Lernverfahren und die Komplexität der Netzwerkarchitektur effizienter gestalten kann.

4.3.3.1 Stationarität von Zeitreihen

„Eine stationäre Zeitreihe tendiert dazu, sich zum Mittelwert zurückzubewegen und sich um diesen mit konstanter Varianz zu bewegen. Eine nicht-stationäre Zeitreihe hat zu verschiedenen Zeitpunkten unterschiedliche Mittelwerte, und ihre Varianz nimmt mit dem Stichprobenumfang zu."[91] Formal lassen sich die Bedingungen einer stationären Zeitreihe wie folgt beschrieben:

$$E(y_t) = E(y_{t+h}) = \mu$$
$$E(y_t - \mu)^2 = E(y_{t+h} - \mu)^2 = \sigma^2$$
$$E(y_t - \mu)(y_{t-s} - \mu) = E(y_{t+h} - \mu)(y_{t-s+h} - \mu) = Cov(y_t, y_s)$$

Wobei $E(y_t)$ der Erwartungswert von Merkmal Y für den Zeitpunkt t, μ der Mittelwert, σ^2 die Varianz und $Cov(y_t, y_s)$ die Kovarianz[92] zwischen y_t und y_s ist.

Nicht-stationären Zeitreihen können beispielsweise durch Trends, saisonale Einflüsse, deterministische Schwankungen und zufällige Ereignisse entstehen.[93]

Wird mit einer nicht-stationäre Zeitreihe gearbeitet, kann der sogenannte Spurious Regression Effekt[94] auftreten. Nach Anders[95] kann die Verwendung

---

[91] Peter, 2004, S.58
[92] Die Kovarianz ist ein Zusammenhangsmaß in der Stochastik, welches einen Hinweis auf die Richtung des linearen Zusammenhangs zwischen zwei beobachteten Merkmalen liefert.
[93] Peter, 2004, S.58

von nicht-stationären Zeitreihen in KNN zu exzellenten Ergebnissen führen. Jedoch besteht die Gefahr, dass nicht der Zusammenhang zwischen den erklärenden und zu erklärenden Daten abgebildet wird, sondern lediglich ein Trend in den Daten.

Aus diesem Grund empfiehlt Anders[96] die Verwendung von nicht-stationären Zeitreihen bei KNN zu vermeiden. Unter der Vielzahl von Methoden zur Stationarisierung von Zeitreihen hat sich folgendes Verfahren hervorgehoben:

$$z_t = y_t - y_{t-1}$$

Die Differenz zwischen den Werten einer Zeitreihe y zum Zeitpunkt t und $t-1$ wird gebildet und in der Zeitreihe z für den Zeitpunkt t gespeichert. Diese Differenzbildung kann d-mal nötig sein, bis eine stationäre Zeitreihe - gemäß den Bedingungen - entsteht und als integriert nach Ordnung d - $I(d)$ - bezeichnet wird.

4.3.3.2 Behandlung von Ausreißern

Zeitreihen können Ausreißerwerte beinhalten, die gerade bei kleinen Zeitreihen das Verhalten von KNN negativ beeinflussen können.[97] Ausreißer sind solche Werte, die eine signifikante Abweichung zur Standardabweichung aufweisen.

Für solche Fälle würde die Normierung, also die Skalierung auf einen bestimmten Wertebereich, der Zeitreihe eine gute Möglichkeit darstellen, die negativen Einflüsse von Ausreißer in einer Zeitreihe zu beseitigen.

4.3.3.3 Behandlung von Lücken in der Zeitreihe

Durch fehlerhafte Datenquellen[98] oder durch natürliche Ereignisse, wie zum Beispiel Feiertagen, kann es zu Lücken in einer Zeitreihe kommen. Werden diese Lücken einfach vernachlässigt, so kann das Verhalten des KNN negativ beeinflusst werden.

Im Rahmen der Datenvorverarbeitung besteht die Möglichkeit, fehlende Werte durch ein Interpolationsverfahren an die Zeitreihe anzupassen.

---

[94] vgl. Granger/Newbold, 1974, S.111ff
[95] Anders, 1997, S.99f
[96] Anders, 1997, S.99f
[97] vgl. Richter, 2003, S. 94
[98] vgl. 4.3.2.1

Alternativ könnte man natürliche und absehbare Ereignisse dem KNN als Input übergeben, sodass dem Netzwerk eine logische Begründung für fehlende Werte geliefert wird.[99]

4.3.3.4 Multikollinearitäten

Multikollinearitäten liegen vor, wenn eine oder mehrere erklärende Variablen nicht nur einen Zusammenhang zu der zu erklärenden Variable aufweisen, sondern auch untereinander Zusammenhänge vorliegen. Man spricht in diesem Zusammenhang auch von redundanten Informationen, die dem KNN über mehrere Variable präsentiert werden und die es laut Meinung einiger Autoren vor der Erstellung des KNN zu entfernen gilt.[100]

Zur Identifikation von Multikollinearitäten soll in dieser Abschlussarbeit exemplarisch der Multikollinearitätenseffekt von Theils vorgestellt werden:

$$M = \sum_{i=1}^{p} (R^2 - R^2_{\neg i})$$

Wobei R^2 das Bestimmtheitsmaß[101] der linearen Regression für ein abhängiges Merkmal Y und unabhängige Merkmale $X_1, X_2, \dots, X_p$ mit $Y = f(X_1, X_2, \dots, X_p)$ und $R^2_{\neg i}$ das Bestimmtheitsmaß für die Regression von Y ohne X_i darstellt. Die Differenz aus $R^2 - R^2_{\neg i}$ repräsentiert den Erklärungsbeitrag von X_i und wird durch $\sum_{i=1}^{p} (R^2 - R^2_{\neg i})$ kumuliert, sodass M die Summe der Erklärungsbeiträge beinhaltet, den jedes X_i unabhängig liefert. Wenn M kleiner ist als R^2, also der Erklärungsbeitrag aller X_i größer ist als der Erklärungsbeitrag den alle X_i unabhängig voneinander leisten, dann liegen Multikollinearitäten vor.

Wurden Multikollinearitäten festgestellt, sollten Methoden angewendet werden, um diese zu beseitigen. In der Praxis behilft man sich beispielsweise mit folgenden Methoden:[102]

- Multikollinearitäten werden durch das Löschen einer betroffenen Variable bereinigt, wobei diese Variable keine nicht-redundanten Informationsteile beinhalten darf

---

[99] vgl. Richter, 2003, S.94 ; Crone, 2010, S. 228f
[100] vgl. Anders, 1997, S. 100ff
[101] Hinweise zur Berechnung des Bestimmtheitsmaßes sind bei Christof [2009] zu finden.
[102] Vgl. Urban/Mayerl,2008, S.236ff

- Variablen zwischen denen Multikollinearitäten bestehen, werden zu Index-Variablen zusammengefasst (z.B. mit Faktoren oder Hauptkomponentenanalysen)
- Variablen zwischen denen Multikollinearitäten bestehen, werden um die gemeinsamen Varianzanteile bereinigt
- Variablen zwischen denen Multikollinearitäten bestehen, werden mittelwertzentriert, wodurch versucht wird, den redundanten Erklärungsbeitrag eines Merkmals X_i auf die zu erklärende Variable Y zu identifizieren[103]

4.4 Modellerstellung

Im letzten Abschnitt wurden die richtigen Daten für die Verwendung in KNN selektiert, vorverarbeitet und stehen im Data Warehouse für DV-Anwendungen zur Behandlung von KNN zur Prognose zur Verfügung. Dieser Abschnitt beschäftigt sich nun mit der Spezifikation der Netzwerkarchitektur und deren Parametrisierung, um den funktionalen Zusammenhang zwischen Input und Output optimal abzubilden. Leider stehen dem Entwickler des KNN lediglich Anhaltspunkte zur Verfügung, die einen Hinweis auf die optimale Netzwerkarchitektur und Parametrisierung liefern. Die Identifikation des optimalen Modells kann demnach nur über experimentelles Testen erfolgen. Dazu werden Variationen von Netzwerkarchitekturen spezifiziert, parametrisiert und bewertet. Die Netzwerkarchitektur, die die beste Bewertung erhält, ist in der DV-Anwendung zu modellieren.

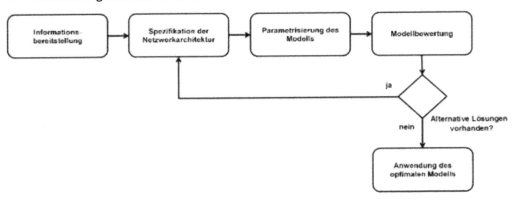

Abbildung 23 Modellerstellung

---

[103] Vgl. Stein/Pavetic/Noack, 2010, S. 21

Bedingt durch die hohe Anzahl an Freiheitsgraden und damit der hohen Anzahl an alternativen Modellvariationen, sollte diese Phase einen hohen Arbeitsaufwand in Anspruch nehmen. Aus diesem Grund liegt der Fokus in diesem Abschnitt auf der computergestützten Identifikation des besten Modells, um die Suche unter den zahlreichen Variationen wirtschaftlich zu gestalten. Anders[104] kritisiert in diesem Zusammenhang zahlreiche schlechte Algorithmen, die über Faustregeln oder schlechte Heuristiken zu nicht wünschenswerten Ergebnissen kommen. Aus diesem Grund werden in den folgenden Abschnitten Algorithmen exemplarisch vorgestellt, die zeigen sollen wie gute Algorithmen zur Identifikation des besten Modells arbeiten sollten.

4.4.1 Spezifikation der Netzwerkarchitektur

Die optimale Netzwerkarchitektur lässt sich als diejenige Architektur beschreiben, die unter Verwendung einer minimalen Anzahl Parametern den funktionalen Zusammenhang zwischen Input und Output abbilden kann.[105] Da die Eingabe- und Ausgabeschicht durch die Anzahl der erklärenden und der zu erklärenden Variablen vorgegebenen ist und in der Problemdefinitionsphase bzw. in der Informationsbereitstellungsphase zu bestimmen sind, also auch zu optimieren sind, kümmert man sich hier um:[106]

- Minimierung der verdeckten Schichten bzw. der Anzahl der Neuronen pro verdeckten Schicht
- Minimierung der Verbindungen und somit auch der Parameter

Im Folgenden werden nun einige Methoden vorgestellt, die zur Optimierung der Netzwerkarchitektur eingesetzt werden können. An dieser Stelle sei erwähnt, dass die in der Literatur oft angemerkte Daumenregel in der Praxis keine Rolle spielen darf.[107] Nach der Daumenregel ergibt sich die Anzahl der versteckten Neuronen, bei einem dreischichtigen KNN, aus dem Mittelwert der Anzahl der Neuronen in Eingabe- und Ausgabeschicht.

---

[104] Anders,1997, S. 103ff
[105] Vgl. Anders, 1997, S. 88ff
[106] Vgl. Anders, 1997, S. 103f
[107] Vgl. Anders, 1997, S. 104

4.4.1.1 Hypothesentest

Es sind drei Verfahren bekannt, die sich in die Kategorie Hypothesentest einordnen lassen.[108] Bei einem Hypothesentest wird eine Nullhypothese und eine Alternativhypothese aufgestellt, um zu prüfen, ob eine Veränderung der Architektur (Alternativhypothese) zu einem signifikant besseren Ergebnis führt oder ob man die Architektur so belassen sollte (Nullhypothese).

Die Verfahren unterscheiden sich nur durch die Formulierung der Alternativhypothese, also die Art der Veränderung, die für eine Netzwerkarchitektur getestet werden soll.

- **Langrange Multiplier-Test (LM-Test)**

Alternativhypothese: Die Architektur verbessert sich signifikant durch das Hinzufügen einer neuen Verbindung w_{ij}.

- **Wald-Test (W-Test)**

Alternativhypothese: Die Architektur verbessert sich signifikant durch das Entfernen einer Verbindung w_{ij}.

- **Likelihood-Ratio-Test (LR-Test)**

Alternativhypothese: Die Architektur a_2 ist signifikant besser als die bestehende Architektur a_1.

4.4.1.2 Pruning-Technik

Weiterentwicklung der Methoden „Optimal Brain Damage (OBD)" und „Optimal Brain Surgeon (OBS)".[109] Die Pruning-Technik dient zur Identifizierung von Parametern, die nicht signifikant zur Erklärung der zu erklärenden Variable beitragen. Diese Signifikanz wird dargestellt, indem für jedes Gewicht w_{ij} berechnet wird, um wie viel Prozent der Netzwerkfehler zunimmt, wenn man das Gewicht entfernen würde.[110] Gewichte, durch deren Entfernung der Netzwerkfehler nicht steigt, werden entfernt.

---

[108] Vgl. Anders, 1997, S. 64ff
[109] Siehe Zell, 2000, S. 320ff
[110] Vgl. Anders, 1997, S. 108ff

4.4.1.3 Skelettierung

Über die Skelettierung wird die Relevanz der versteckten Neuronen u_i durch die Ermittlung der Differenz zwischen Netzwerkfehler des KNN mit Neuron u_i und Netzwerkfehler des KNN ohne Neuron u_i berechnet.[111]

$$p = E_i - E_{\neg i}$$

Wobei E_i der Netzwerkfehler mit und $E_{\neg i}$ Netzwerkfehler ohne Neuron u_i ist. Sollte p $\leq$ 0 gelten, so kann das versteckte Neuron u_i gelöscht werden.

4.4.2 Parametrisierung der Netzwerkarchitektur

In dieser Phase werden die Parameter der spezifizierten Netzwerkarchitektur mit Hilfe der bereitgestellten Daten parametrisiert. Zu dieser Phase lassen sich keine ergänzenden Tätigkeiten im Rahmen des Vorgehensmodells beschreiben, die nicht bereits im Kapitel 3.6 erwähnt wurden. Dabei soll die sogenannte Stopped-Training-Methode, die den Lernvorgang automatisch abbricht, wenn das KNN die höchste Generalisierungseigenschaften aufweist, erneut positiv hervorgehoben werden.

4.4.3 Modellbewertung

In der Praxis existiert eine Vielzahl von Methoden zur Bewertung der Prognose durch ein KNN. Die meisten Methoden basieren auf einem Prognosefehler, der allgemein wie folgt definiert ist:

$$e_i = y_i - \hat{y}_i$$

Wobei e_i die Differenz zwischen dem tatsächlichen Wert des Zeitreihe y_i und dem durch das KNN prognostizierten Wert $\hat{y}_i$ ist. Je größer also der Betrag des Prognosefehlers $|e_i|$, desto schlechter ist die Prognose.

Eine dieser Methoden, die den Prognosefehler e_i verwenden, ist der Root Mean Squared Error (RMSE):

$$RMSE = \sqrt{\frac{1}{n}\sum_{i=1}^{n}(y_i - \hat{y}_i)^2} = \sqrt{\frac{1}{n}\sum_{i=1}^{n}(e_i)^2}$$

---

[111] Vgl. Zell, 2000, S. 328ff

Die RMSE-Methode ist eine sehr beliebte Methode, die (wie jede andere Methode auch) Vor- und Nachteile mit sich bringt. Durch die Quadrierung des Prognosefehlers e_i wirken sich vom Betrag her große Prognosefehler $|e_i|$ besonders negativ auf das Gesamtergebnis aus. Als Nachteil wird oft aufgeführt, dass sie sich nicht für zeitreihenübergreifende Fehlerberechnungen (wie es z.B. bei kausalen Prognosen vorkommt) eignet, wenn sich die Zeitreihen keine identische Skala teilen.[112]

4.5 Anwendung zur Managementunterstützung

In der Anwendungsphase wird das optimale KNN so eingesetzt, dass es das Management bei seinen komplexen und dynamischen Tätigkeiten unterstützt. Dabei kann dem Management einfach das Prognoseergebnis gemäß dem informationslogistischen Prinzip zur Verfügung gestellt werden oder das Management bekommt die Möglichkeit, eigenständig das KNN zu bedienen und Informationen zu generieren.

Die, aus Sicht der Entwicklung, einfachste Verwendung von KNN im MSS ist die einfache Präsentation von prognostizierten Ergebnissen. Der Entwickler verwendet das KNN für eine konkrete Problemstellung und verteilt die Informationen anschließend an die entsprechenden Empfänger im Management. Natürlich darf an dieser Stelle der Hinweise nicht fehlen, dass es sich um eine Prognose handelt und die Informationen mit Unsicherheit belastet sind.

Wenn das Management selbstständig mit dem KNN arbeiten soll, muss natürlich eine benutzerfreundliche Verwendung der Anwendung möglich sein und Schulungsmaßnahmen getroffen werden. Insbesondere ist das Management dahingehend zu sensibilisieren, dass die generierten Informationen nicht kritiklos verwendet werden und der Kontakt zum Entwickler zur gemeinsamen Interpretation gesucht werden sollte. Ist diese benutzerfreundliche Anwendung gegeben, können Manager zum Beispiel Was-Wäre-Wenn-Szenarien durchführen. In diesen Szenarien könnte beispielsweise überprüft werden, wie sich eine Prognose verändert, wenn ein erklärendes Merkmal einen anderen Wert annimmt.

---

[112] Vgl. Küsters, 2004, S. 367ff

Sollten jedoch fundamentale Änderungen an der Datenbereitstellung (z.B. durch neue Daten) oder an der Netzwerkarchitektur (z.B. Veränderung der Parameter) vorgenommen werden, empfiehlt es sich in jedem Fall einen Experten zu konsultieren, um die Güte des Prognoseverfahrens dauerhaft zu gewährleisten.

5 Persönliches Fazit

Mir persönlich hat das Verfassen der vorliegenden Abschlussarbeit besonders viel Freude bereitet, da ich die wissenschaftlichen Disziplinen der Mathematik, Betriebswirtschaft und Informatik miteinander kombinieren konnte. Die Mathematik leistet dabei unverzichtbare Vorarbeit, indem durch sie Modelle entwickelt werden, die für betriebswirtschaftliche Tätigkeiten angewendet und standardisiert, und durch die Informatik in einer DV-Anwendung abgebildet werden können.

Während der achtwöchigen Bearbeitungszeit konnte ich diesen Prozess entlang des mathematischen Modells der Künstlichen Neuronalen Netze durchlaufen und kann die Faszination, die von diesem Forschungsgebiet ausgeht, gut nachvollziehen. Künstliche Neuronale Netze kommen bei richtiger Anwendung in vielen Bereichen zu besseren Ergebnissen als herkömmliche Methoden, aber der Modellierer kann nicht genau begründen, warum das Modell zu diesem Ergebnis gekommen ist. Dies ist in meinen Augen auch die große Schwachstelle gegenüber traditionellen mathematischen oder statistischen Methoden, bei denen sich relativ einfach ableitet lässt, wie dieses Ergebnis berechnet wurde.

Nichtsdestotrotz würde ich mich sehr darüber freuen, wenn ich im späteren Berufsleben oder während der Erlangung höherer akademischer Grade weiter praktische und theoretische Erfahrungen mit Künstlichen Neuronalen Netzen sammeln könnte und werde in jedem Fall zukünftige Forschungsergebnisse verfolgen.

Literaturverzeichnis

Anders, U. (1997): Statistische neuronale Netze, Mannheim

Berry, M.J.A. / Linoff, G. (1997): Data mining techniques for marketing, sales and customer support, New York

Busse von Colbe, W. / Laßmann, G. (1991): Betriebswirtschaftstheorie, Band I: Grundlagen- Produktions- und Kostentheorie, 5. Aufl., Berlin-Heidelberg

Chamoni, P. / Beckmann, F. / Bley, T. (2010): Ausgewählte Verfahren des Data Mining, in: Chamoni, P. / Gluchowski, P. (Hrsg.): Analytische Informationssysteme - Business Intelligence-Technologien und -Anwendungen, 4. Aufl., Duisburg-Chemnitz, S. 330-352

Chamoni, P. / Gluchowski, P. (2010): Analytische Informationssysteme - Einordnung und Überblick, in: Chamoni, P. / Gluchowski, P. (Hrsg.): Analytische Informationssysteme - Business Intelligence-Technologien und -Anwendungen, 4. Aufl., Duisburg-Chemnitz, S. 3-16

Christof, K. (2009): Deskriptive Statistik, Vorlesungsunterlage an der Fachhochschule Gelsenkirchen Abteilung Bocholt, Bocholt

Crone, S. (2010): Neuronale Netze zur Prognose und Disposition im Handel, Wiesbaden

Gluchowski, P. / Gabriel, R. / Dittmar, C. (2008): Management Support Systeme und Business Intelligence - Computergestützte Informationssysteme für Fach- und Führungskräfte, 2. Aufl., Bochum-Chemnitz-Düsseldorf

Granger, C.W.J. / Newbold, P. (1974): Spurious Regression in Econometrics, in: Journal of Econometrics, 2, 111-120

Hippner, H. / Wilde, K.D. (2001): Der Prozess des Data Mining im Marketing, in: Hippner, H. / Küsters, U. / Meyer, M. / Wilde, K.D. (Hrsg.): Handbuch Data Mining im Marketing - Knowledge Discovery in Marketing Databases, Ingolstadt-München, S.1 -13

Inmon, W.H. (1996): Building the data warehouse, 2. Aufl., New York

Kemper, H. / Mehanna, W. / Unger, C. (2006): Business Intelligence - Grundlagen und praktische Anwendungen, 2. Aufl., Stuttgart

Koontz, H. / O'Donnell, C. (1955): Principles of management: An analysis of management functions, New York

Küster, U. (2004): Evaluation, Kombination und Auswahl betrieblicher Prognoseverfahren, in: Mertens, P. / Rässler, S. (Hrsg.): Prognoserechnung, 6. Auflage, Heidelberg, S. 367-404

Schwarzer, B. / Krcmar, H. (2010): Wirtschaftsinformatik - Grundlagen betrieblicher Informationssysteme, 4. Aufl., Stuttgart-München

Stein, P. / Pavetic, M. / Noack, M. (2010): Multivariate Analyseverfahren http://www.uni-due.de/imperia/md/content/soziologie/stein/multivariate.pdf, Abgerufen am 11.08.2010

Spitzer, M. (2000): Geist im Netz - Modelle für Lernen, Denken und Handeln, Heidelberg

Rey, G.D. / Wender, K.F. (2010): Neuronale Netze - Eine Einführung in die Grundlagen, Anwendungen und Datenauswertung, Bern

Richter, F. (2003): Kombination Künstlicher Neuronaler Netze - Zur Prognose von Wechselkursen, Bremen

Kinnebrock, W. (1994): Neuronale Netze - Grundlagen, Anwendungen, Beispiele, 2. Aufl., Trechtingshausen

Küppers, B. (1999): Data Mining in der Praxis - ein Ansatz zur Nutzung der Potentiale von Data Mining im betrieblichen Umfeld, Frankfurt/Main

Levine, D.S. (2000): Introduction to neural and cognitive modeling, 2. Aufl., Mahwah (New Jersey)

Nachtigall, W. (2002): Bionik: Grundlagen und Beispiele für Ingenieure und Naturwissenschaftler, 2. Aufl., Berlin-Heidelberg-New York

Mertens, P. (2002): Business Intelligence - ein Überblick, Arbeitspapier an der Universität Erlangen-Nürnberg 2/2002, Nürnberg

Peter, G. (2004): Marktintegration und Preisrisikoreduzierung durch den ungarischen Warenterminmarkt für Getreide, Göttingen

Priemer, J. (2010): Business Intelligence Grundlagen, Vorlesungsunterlage an der Fachhochschule Gelsenkirchen Abteilung Bocholt 3/2010, Bocholt

Steinmann, H. / Schreyögg, G. (2005): Management - Grundlagen der Unternehmensführung, 6. Aufl., Nürnberg-Berlin

Urban, D. / Mayerl, J. (2008): Regressionsanalyse: Theorie, Technik und Anwendung, 3. Auflage, Stuttgart

Wieken, J.-H. (1999): Der Weg zum Data Warehouse. Wettbewerbsvorteile durch strukturierte Unternehmensinformationen, München

Wilde, K.D. (2001): Data Warehouse, OLAP und Data Mining im Marketing - Moderne Informationstechnologien im Zusammenspiel, in: Hippner, H. / Küsters, U. / Meyer, M. / Wilde, K.D. (Hrsg.): Handbuch Data Mining im Marketing - Knowledge Discovery in Marketing Databases, Ingolstadt-München, S.1 -13

Zell, A. (2000): Simulation neuronaler Netze, 3. Aufl., München